围炉话经济

用文学的语言和思想的焰火

书写和点亮
这个经济的世界

肖江 著

经济学是一门使人生幸福的艺术

这是一个多元、动感和缤纷的世界，是一个经济的世界，
也是一个文学和艺术的世界。

经济日报出版社
北京

图书在版编目 (CIP) 数据

围炉话经济 / 肖江著 . -- 北京：经济日报出版社，
2024. 8. -- ISBN 978-7-5196-1501-7

Ⅰ. F0

中国国家版本馆 CIP 数据核字第 20249PG841 号

围炉话经济
WEILU HUA JINGJI

肖　江　著

出　版：经济日报出版社

地　址：北京市西城区白纸坊东街 2 号院 6 号楼 710（邮编 100054）

经　销：全国新华书店

印　刷：廊坊市海涛印刷有限公司

开　本：710mm×1000mm　1/16

印　张：13.5

字　数：182 千字

版　次：2024 年 8 月第 1 版

印　次：2024 年 8 月第 1 次

定　价：58.00 元

目 录
CONTENTS

楔 子

又一个春天来了。

刚迈入"梦の居酒屋"的大门，范先生就听到一阵窸窸窣窣的声音从窗外传来。推开窗子，一股清凉的晨风扑面而来，循着声音望去，不远处的小湖边，一群灰鸽子正在晨光中欢快地嬉戏着。它们时而跳跃，时而追逐，叽叽喳喳的声音分外悦耳和清亮。

"它们是在迎接春天吧！"范先生自言自语道，"一个新的春天来了！"

范先生轻轻地关上窗扉，在收回目光转身的刹那，墙上挂着的一张照片映入眼帘。范先生踱到照片前端详着。这是 2023 年初春时节，朋友们在新冠疫情结束后的一张合影。照片中间儒雅和蔼的男士是张先生，他是著名诗人，文学评论家和书法家；张先生左边的男士是高先生，他是公务员，是一名文学爱好者；在张先生右边小鸟依人般的女士是冯小姐，她是一个图书出版公司的合伙人；挨着冯小姐的男士是我（肖先生），是一名经济学学者，也是一名作家，曾在国家部委工作多年，现在从事宏观经济研究。站在高先生旁边，笑容可掬的男士就是来自宝岛台湾的居酒屋主人范先生。

鲜活耀眼的晨光从大门口斜射进居酒屋中，居酒屋顿时变得明快起来。范先生将目光从照片上移开望向大门的外面。再有几分钟时间，这些照片中的人就会齐聚在居酒屋。这是大家一个月前的约定——春天的约定。大家相约在这个春日相聚，回顾过去，展望未来。范先生还记得，在商量这次活动的题目时，大家最终将这次活动命名为"春幡：春天的

漫谈"。就在几天前，冯小姐给大家分别打了电话，请求大家允许她的闺蜜、中央某大报的资深记者孟小姐参加此次活动，大家愉快地同意了。

一阵喧闹声从门外传来，听到纷沓的脚步声，范先生知道，春天的主人们到了。

2024 年的春天悄然来临了，似乎空气中都弥散着春的甜甜的味道……

第一篇 春幡：春天的漫谈

一、步出低谷的经济

"春幡：春天的漫谈"即将在这个春日里开始。按照之前的商定，此次活动采取对话和漫谈的方式，由大家提问，我主答，大家彼此之间可以相互提问。孟小姐似乎对这种方式非常熟悉，大家甫一落座，她就率先提出了自己的问题。

孟小姐：为何将此次活动命名为"春幡：春天的漫谈"？

我：取名"春幡"是张先生的主意。大家都知道，我们曾经经历三年的疫情，从去年春天"重启键"按动之后，经济、社会都已步出低谷。2024年的春天来了，我们对这个春天充满期待。"春幡"又称春旗，旧俗时，在立春日，人们会把春幡挂在树梢上，或将缯绢剪裁成小幡，插在头上，以示迎春。在宋代词人辛弃疾的《汉宫春·立春日》中就有"春已归来，看美人头上，袅袅春幡。"此次活动借用"春幡"这个词也是表达我们的迎春之意。

孟小姐：三年的纷扰结束后，国家按下经济重启键已经一年。你怎么看待过去一年的经济表现？

我：对过去一年经济重启的认识，我觉得可以用四个字来表达：步出低谷。从 2023 年春开始，国家开始重启经济，但对于中国这样的巨大经济体来说，启动经济需要在多个方面发力。应该说，从 2023 年下半年开始，反映经济景气指标的各项数据，包括 PMI（制造业采购经理指数）、CPI（居民消费价格指数）等，都呈现积极向好的势头。民营企业家的信心，总体出现积极向上的态势。2023 年，GDP 实现了年初确定的增长 5% 的目标，而且还有所突破，这个成绩来之不易。正因如此，我对 2023 年的经济表现用了"步出低谷"四个字来表达。

孟小姐：你能简单谈谈三年纷扰对经济的影响吗？

我：纷扰的三年对经济的影响是巨大的，不仅仅对中国，还包括世界。

给大家提供一组经济数据，你们能够从数字的变化来感知过去三年的宏观经济情况。在 2020 年之前，中国的经济增速均保持在 6% 以上。2019 年，中国 GDP 总值为 99.1 万亿元人民币，同比增长 6.1%；2020 年，中国的 GDP 总值为 101.6 万亿元人民币，同比增长 2.3%；2021 年，中国的 GDP 总值为 114.4 万亿元人民币，比 2020 年增长 8.1%。我要强调，2021 年 GDP 的增值是在 2020 年极低的基础上得出的，如果将 2020 年和 2021 年的数值平均，则是 5.1%。2022 年初，国家曾经定下 GDP 达到 5.5% 的目标，但由于疫情的影响，2022 年 GDP 值虽然达到 121 万亿元人民币，但只比 2021 年增长了 3%。尽管中国宏观经济保持了正增长，但就业面临压力。在国际市场持续萎缩的情况下，由于对未来不确定性的担心和预期收入下降的影响，国内消费表现低迷。在出口方面，尽管防疫物资的出口从某种程度上挽救了出口的下滑趋势，但随着世界各国对防疫采取放松和取消的政策，出口的后劲会减弱。在进口方面，由于疫情期间物流受到影响，加上各方面需求相对减少，进口也受到较大影响。

2023 年的经济增速达到 5.2%，达到了年初制定的 5% 左右的目标。

正是因为这个成绩的取得，进一步验证了经济已经步出低谷。

听了我的回答，孟小姐若有所思地点了点头。她没有就这个话题继续问下去。大家也趁着话题转换间隙纷纷端起面前茶杯品尝着杯中的茶水……

二、人民币离国际化有多远

春天的氤氲在窗外弥散着，春的味道攀沿着金色的丝线挤进房间，整个大厅都洋溢着明快和新鲜的味道。

第一个话题结束的间隙，朋友们似乎都在漫不经心地品尝着茶水，又似乎都若有所思……

孟小姐放下手中的杯子，顺手拿起一叠放在桌上的小卡片，快速地翻看着上面的内容。

我知道，她在选择下一个话题，所以并没有催她，而是安静地等待着。

孟小姐：我手上有一些大家共同关心的话题。我个人以为，这些话题都和经济有着或深或浅的关系。例如，近几年我们不断听到的"百年未有之大变局、共同富裕、高质量发展"以及今年两会期间热议的"新质生产力"等。肖先生，你觉得，这些可以成为我们今天的话题吗？

孟小姐说这番话的时候也将目光投向我，似乎在征询我的意见。

我放下手中的杯子，清了清嗓子，道："诚如你所言，你提到的基本上都与经济有关。从我的角度讲，我更愿意将讨论的重点定位在中国经济现在和未来的发展上。现在人们热议的"新质生产力"的话题也是一个和经济密切相关的话题，而且是一个大话题，我正在为此搜集更多的资料，以便于今后和朋友们充分地交流。"

正在我滔滔不绝的时候，冯小姐突然插话道："能否谈一谈人民币国际化这个话题呢？"

我知道，今年初春的时候，冯小姐到越南、缅甸和老挝旅行，并且乘坐高铁沿着中老铁路从昆明一路到万象。旅行途中在微信朋友圈中发了许多照片，还多次秀出手拿人民币购物的照片。冯小姐突然抛出这个话题肯定和她此次出国旅行有关。

果不其然，冯小姐在插话的同时，从随身的小包里拿出几张花花绿绿的大面额外国钞票递给朋友们传看，又接着说道："人民币在这些国家和美元一样好用，也许不久的将来我们可以手持人民币信用卡和人民币现钞到世界任何地方旅行和消费，而不用先兑换成美元或者欧元。"

我：我和大家的心情都是一样的，希望人民币保持坚挺，也希望人民币能够早日走出国门，成为世界上的硬通货，毕竟人民币是我们自己的货币，也几乎和我们的生活形影不离。多年来，我在关注中国经济的同时，也关注人民币汇率的变化，对人民币国际化更是情有独钟。因此，对于冯小姐提出的话题我非常乐于和大家一起讨论。

如果从改革开放的元年算起（1978 年），中国大陆发展至今已有 40 多年时间。在 40 年发展历程中，特别是自 20 世纪 90 年代中期之后的 20 多年里，中国的宏观经济实现了惊人的跨越，其发展速度令世界瞩目。

从 1978 年至 2022 年的中国 GDP 统计数据中可以看出 40 多年来的经济发展概况：1978 年至 1983 年，中国 GDP 年增长在 400 亿 ~600 亿元人民币区间徘徊；1984 年至 1990 年，中国 GDP 年增长大约在 1250 亿 ~2000 亿元人民币区间；1991 年至 2000 年，中国 GDP 年增长基本上都在 5000 亿元人民币以上，其中一半的时间年增长超过 1 万亿元人民币；2001 年至 2003 年，中国 GDP 年增长基本在 1 万亿元人民币以上；2004 年至 2007 年，中国年 GDP 增量全部在 2.4 万亿元人民币以上。2008 年至 2018 年，中国 GDP 由 31.92 万亿元人民币增长至 91.93 万亿元人民币；2021 年达到 114.92 万亿元人民币，2022 年增至 121 万亿元人民币；2023 年增加至 126 万亿元人民币。

从 1978 年到 2023 年，从中国大陆贸易进出口值统计中，可以了

解 40 多年来的国际贸易发展情况。贸易比重由 1978 年的 0.8% 上升至 2021 年的 16.2%，2022 年的 21.26%，2023 年的 20% 以上。中国大陆的进出口总额在世界位次由 1978 年的第 29 位上升至世界第 1 位（在 2013 年升至第 1 位）。

根据权威统计数据，在 1978 年至 2023 年世界经济总值中，中国经济总量在世界经济中所占的份额从 1978 年的 1.8% 上升至 2023 年的 19%；中国 GDP 的世界位次由 1978 年的第 10 位上升至 2023 年的第 2 位（自 2010 年开始稳居世界第 2 位），位于美国之后。

从 1978 年至 2023 年的中国外汇储备数据中，可以看出中国大陆外汇储备 40 多年的变化。截至 2023 年 12 月，中国大陆外汇储备已连续多年超 3 万亿美元（32380 亿美元），居世界第一位。

此前，中国一直是持有美国国债最多的国家。近年来，中国开始减持美国国债，规模逐步降为第二，位于日本之后。根据美国财政部披露的数据，2021 年 12 月底至 2023 年 9 月，中国持有美国国债的规模由 10687 亿美元下降至 7780 亿美元（中国持有美债的最高点是 2013 年 11 月 1.317 万亿美元）。从外汇资产安全的角度考虑，中国自 2022 年以来一直在减持美债。

自 2007 年美国次贷危机引发全球金融危机以来，美国和欧洲经济遭受重创，实体经济也受到波及，美元正受到越来越多的质疑。经过此次金融危机，美元的霸主地位受到进一步冲击和挑战。10 多年以来，随着中印等新兴国家的崛起，重新审视美元的地位和作用，重建世界货币金融体系已经成为越来越多的国家政府和有识之士的共识。近年来，美国以及美元的表现更加负面，寻求更为安全的货币体系已经成为当今世界金融领域面临的主要任务。

范先生：你认为中国大陆目前具备这样的实力吗？

我：经过多年快速发展，中国已经具备相当的经济实力，参与国际经济竞争的能力也在近 20 年间有了长足进步。如果中国未来 10 年能够在相对和平的环境下继续稳健发展，GDP 完全可以稳居世界第二，并有机会问鼎世界第一；中国在国际贸易方面持续保持世界第一，外汇储备也将继续保持合理增长并名列世界第一。可以预见，未来 10 年，中国的世界经济地位将会进一步提高，特别是在亚洲地区，人民币国际化区域性地位将会得到进一步确立和加强。

中国进入 21 世纪以来，外贸进出口总值已经多年稳居世界第一的位置。中国的外汇储备早已位居全球第一，超过 3 万亿美元的外汇储备中的大部分购买了美国国债。

纵观世界金融市场的风云变化可以清晰地看到，美国以及美元霸权地位的确立与其历史和国家实力是密不可分的。美元霸主地位形成于第二次世界大战结束之时，当时，美国经济总量占全世界的 50% 以上。美国为了维护自己的霸主地位，提出美元与黄金挂钩，从此，美元扮演起国际储备货币的角色。美元国际地位的确立曾经对促进全球贸易和经济发展起到了积极的作用。

通常来说，作为国际储备货币，首先要做到保持币值稳定，避免汇率大幅波动。要做到这一点，必须至少拥有两大要素：一是要有庞大的经济实力；二是要有国际公信力，国内经济政策必须受到严格约束。但是，美元成为国际储备货币 70 多年来，美国历届政府都在自觉或不自觉地滥用美元，这些行为不得不让人对美元的国际货币地位持怀疑态度。特别是 2007 年以后，当美国的次贷危机演变为国际金融危机给全球经济带来严重破坏后，越来越多的国家和人士对美元的地位持不信任态度，中国发出的声音可以被看成具有代表性情绪的宣泄。

孟小姐：你认为，中国应该采取怎样的措施来改变现状呢？

我：实际上，这一工作从 2008 年前后就已经开始尝试了。

2008 年，中国和俄罗斯、韩国等国先后签订了一定额度的自有货币结算协定；后又陆续和东盟国家签订了类似的协定；中国还开放了北京、广州等城市开展人民币结汇试点。这些举措，都在向单一依赖美元

的现状发起挑战。

2013 年，中国央行分别与 18 个国家签署双边货币互换协议。这是自 2008 年以来，中国陆续与包括俄罗斯在内的一些国家签署类似协议后，人民币进一步走向国际化的一个重要步骤，也是人民币国际化的一个里程碑。

范先生：人民币离真正国际化还有多远？

我：自 20 世纪 90 年代初以来，中国经过多年的快速发展，国力不断增强，国际贸易额已于 2013 年位居世界第一，外汇储备也在更早前位居世界第一。进入 21 世纪后，随着中国国力的增强和对外贸易的发展，周边不少邻国（特别是民间）在边贸中已率先使用了人民币结算，部分邻国居民甚至将人民币作为保值和增值货币存入银行。最近 10 多年来，人民币在一些国家和地区被视为硬通货，这一切都与中国国力的增强和币值的相对稳定与坚挺密不可分。随着一系列政府间协议的签订，人民币已正式走上国际金融舞台，这也是人民币国际化的第一步。

人民币国际化虽然已经迈出可喜的一步，但距离真正的国际货币还有相当的路程。在我看来，人民币要实现真正的国际化至少要经历三个阶段并迎接三大挑战。

人民币国际化的第一阶段首先是成为和周边国家的贸易结算币种、投资币种以及储备货币；第二阶段要成为亚洲范围内的贸易结算币种、投资币种以及储备货币；第三阶段则是走向全球，实现与美元、欧元的三足鼎立。

三大挑战中的第一个挑战是国家经济必须持续健康发展以及国际贸易和外汇储备持续名列前茅，并保持国内消费旺盛；第二个挑战是保持国内政治稳定和币值相对稳定；第三个挑战是需要强大国防力量作为后盾。对于今天的中国来说，人民币国际化尚有较长的路要走。

目前，人民币国际化道路尚处在第一和第二阶段。

迎接三大挑战，还需要继续在国内推动经济体制改革，同时推进其他方面改革，保持国内社会稳定和人民生活水平的稳定提升；大幅度提高国内消费在国民经济中的比重，这将间接促进人民币国际化。保持人民币币值稳定的同时还要适时摆脱和美元的联系汇率政策，在世界上树立崭新和良好的国际形象；持续推进国防现代化建设，这将对提高中国国际形象和国际地位至关重要，也可以从根本上推进人民币国际化。

在人民币国际化的第一、二阶段还要充分发挥港澳市场的优势，办好国内人民币离岸市场，在循序渐进的前提下，持续不断推进人民币国际化进程。

冯小姐：你对未来有着怎样的期待？

我：人民币国际化终将迎来中国元时代。大家注意到没有，2022年12月7日，中国国家主席习近平访问了沙特；紧接着，中国和海湾国家发表了联合声明。众所周知，今天的石油定价仍然是和美元挂钩的，也就是通常所说的石油美元。石油美元控制世界石油市场长达半个世纪以上，至今没有改变。可以预计，在未来的日子里，中国和沙特等国在进行石油贸易时将更多使用本国货币进行定价和结算，理由就是中国经济的迅速发展以及中国影响力的不断提升。由于近年来中国在购买石油总量上超过美国，因此，中国在这方面的话语权越来越大，石油人民币结算模式在未来会被更多采用。

近年来，中国已经和俄罗斯、伊朗以及委内瑞拉等国在石油贸易方面使用人民币结算；近10多年来，中国在和东盟国家的贸易结算中也越来越多地使用本国货币；2023年4月，刚当选巴西总统的卢拉在访问中国时，就建议中巴和金砖国家率先使用人民币结算。中国还陆续推出了数字人民币等举措。此外，在建立独立的贸易结算体系方面，中国已经迈出脚步。

可以预见，人民币国际化会随着中国各方面影响力的扩大而不断向前推进。

听完我叙述的理由后，范先生像变魔术般从钱包里拿出一沓美元和欧元笑着对大家说道："也许再过若干年，这些钞票都不用带了，只需要带上中国的信用卡就可以周游世界了！"

听完范先生的话，大家都没有笑。大家都在满怀信心地期待着这一天早日到来。

三、贸易摩擦与汇率攻防

人民币国际化的话题着实让大家议论了一番。趁着这个话题结束的空档，张先生走到大门外抽烟，其他人则起身端起水杯在房间里轻轻踱着步。

春日的阳光既和煦又不耀眼。透过窗户上的玻璃望出去，窗外不远处的草地上几只鸟儿正在彼此追逐嬉戏着。

不知什么时候，孟小姐也到了窗前，对我说道："我之前做功课时上网检索了一下，你在十年前就预言贸易摩擦将成为对外经贸中的常态，你的理由是什么？"

听了孟小姐的问话，我招呼大家坐回原位，然后开始阐述我的观点。

我：我和朋友们曾经在 2009 年的一次聚会中讨论过贸易摩擦的话题。这个话题的提出是因为 2009 年 2 月美国参议院通过的经济刺激法案。当时有朋友问我怎么评价这个法案，我的回答是：贸易保护主义抬头。

冯小姐：什么是贸易保护主义？

我：简单地表述，贸易保护主义是指在对外贸易中实行限制进口以保护本国商品在国内市场免受外国商品竞争，向本国商品提供各种优惠以增强国家竞争力的政策和导向。贸易保护主义可以分为传统贸易保护主义和新贸易保护主义；新贸易保护主义多以环境壁垒（绿色壁垒）和技术壁垒以及贸易管理来限制对方；传统贸易保护主义主要是通过采取关税壁垒和非关税壁垒两种方式来阻止外国商品进口。

贸易保护主义通常也是引发贸易摩擦的基本原因。

贸易保护主义是随着资本主义的产生和发展出现的。在自由贸易资本主义时期，较晚发展的资本主义国家常常施行这一政策，发达国家则提倡自由贸易。贸易保护主义一般只用来当作对付危机的临时措施。到了垄断资本主义阶段，垄断资本主义推行的贸易保护主义更多被用来对外扩张和争夺世界市场。

2009 年 2 月，美国参议院通过的总额 8380 亿美元经济刺激法案中的"购买美国货"条款实际上是一种传统贸易保护主义。美国在近百年来，每当遭遇大的经济危机时都会采取贸易保护主义政策。比较典型的案例是 1930 年 6 月出台的《斯姆特——霍利关税法》。为了应对 1929 年经济危机带来的经济大萧条，美国将 2000 多种进口商品关税提升至历史最高水平。该法案通过后，英、法、德等国对美采取了报复性关税政策，使美欧贸易规模从 1929 年的历史高位急速下跌至 1932 年的历史低位。1929 年至 1934 年间，世界贸易萎缩了约 66%。

2002 年 3 月，美国以欧盟、日本等 8 国出口的钢铁产品损害美国钢铁业为由，动用"201 条款"，宣布对多种钢材加征为期 3 年的进口税，税率高达 30%。为报复美国提高关税，2002 年 6 月，欧盟对美国部分商品征收 100% 关税；墨西哥、日本、韩国等也纷纷提高关税或采取紧急保障措施。据估计，这场贸易摩擦，欧盟仅 2002 年就损失 2.4 亿美元以上，美国在承受数亿美元损失的同时，还减少了 7.4 万个就业岗位，弊大于利。

美国参议院在 2009 年通过的经济刺激法案，就是为了应对经济危机而采取的措施。这些法案的推出给世界民众担心的贸易保护主义抬头提供了实据，也受到欧盟、加拿大、日本等经济体的批评。随着美国金融危机导致的全球经济危机日益加重，许多国家在美国的示范作用下，纷纷仿效美国的做法，举起了贸易保护主义的旗帜。随着美、加等国相继出台相关措施，许多国家也出台了相应的政策和措施。

这股新贸易保护主义风潮不只局限于制造业和国际贸易领域，还扩展至就业市场。在欧盟，就已经出现"排外"（排斥外国劳工）现象。

　　购买美国货条款刚出台，就被世界多个国家视为将引发贸易摩擦的保护主义举措，对全球经济复苏有害无益。在欧洲，英、法等国出台类似法案，旨在保护本国人员就业；美国也在签证等方面对外来移民加以限制。随着经济形势的恶化，保护主义持续发酵，从而对国际经济的复苏产生消极影响。

　　2009 年，在瑞士达沃斯举行的经济年会上，世界多国政要都呼吁：警惕新保护主义。在世界经济日益全球化的今天，特别是在主要经济体国家的经济联系日益密切的情况下，贸易保护主义泛滥必定会严重损害国际经济秩序，也会把已处于水深火热中的世界经济置于雪上加霜的境地。

　　从历史上看，贸易不平衡和贸易保护给许多国家的经济造成过伤害，甚至引发战争。因此，正视经济和贸易发展不平衡带来的问题和困难，动员世界各国的力量共同面对和解决这些困难和问题才是医治世界经济危机的良方。

　　如果说贸易保护主义是过去特殊时代产物的话，那么，在经济全球化的今天，它只能是一剂极危险的毒药，其伤害的不仅是自己，也会严重伤害维系全球经济发展的经济和贸易体系。

　　我认为，如果不抑制新贸易保护主义苗头，任其蔓延，将会对全球经济复苏与重振产生负面影响。因此，让世界有远见的政治家以及有识之士认识到贸易保护主义的危害，消除其生存土壤，以合作和多赢冲破世界经济危机的藩篱是世界面临的任务。只有共同完成这个任务，世界经济才有希望，全球经济复苏的春天才能早日来到。

　　首次讨论贸易摩擦的话题已经过去 10 多年时间，在此期间，我们又目睹了多起贸易摩擦实例。2009 年，时任美国总统奥巴马颁布法令向中国汽车轮胎征税；2016 年，特朗普上台后，中美之间出现大规模贸易摩擦，也发生多起反倾销调查等。我认为，在未来的日子里，贸易摩

擦不会停息，特别是小规模的贸易摩擦更会成为常态。

2015 年是美国的大选年，特朗普在竞选中喊出美国优先和让美国再次强大的口号。他的这些口号当时就被我解读为贸易保护主义的潜台词。特朗普上台不久就开始了实际行动，不仅将矛头指向中国，还指向加拿大、韩国、德国等国。2018 年 3 月，特朗普签署法令向中国发难，紧接着，中国开始反制。拜登上台后，贸易摩擦仍然未能彻底平息。

张先生：贸易摩擦对中国来说是好事还是坏事？

我：贸易摩擦对于快速发展的国家来说是必然，没有好事和坏事之分。没有哪个国家想发生贸易摩擦，但一个发展迅速的经济体强力打破世界贸易原有格局，逐步成为世界贸易的老大，势必触碰某些国家的利益。因此，贸易摩擦是不可避免的。但不打无准备之仗，要努力把一些贸易摩擦扼杀在萌芽状态；同时，要以专业、严谨、有理、有利、有节的方式应对。

孟小姐：今天的普通百姓都比较关心汇率问题，请你谈谈人民币汇率的形成机制。

我：谈到人民币汇率可以追溯至 1949 年之前，但由政府确定汇率是从 1950 年开始的。当时，人民币兑美元的汇率为 42000 : 1。当时国内急需外汇，政府为此制定了严格的外汇管理制度，但这种汇率只是一种单向的兑换，不是市场意义上的汇率。人民币兑美元的汇率从 1950 年开始逐渐"升值"。1952 年至 1954 年间，汇率始终维持在 26170 : 1 的水平。1955 年，中国实施货币改革，新人民币兑美元的汇率为 2.4618 : 1。这个汇率一直沿用到 1970 年。从 1970 年开始，人民币不断升值。1979 年，人民币兑美元的汇率为 1.4962 : 1；1980 年，又对人民币进行适度贬值。1980 年 1 月，人民币美元汇率被设定为 2.3 : 1；当年岁末又调整为 2.93 : 1。从 1985 年至 1993 年，中国其实存在着三重汇率制度（官方汇率、企业进口的调剂汇率、企业出口创汇的成本汇率）。在这段时间里，人民币兑美元汇率从 1985 年的 2.9367 : 1 一直贬值到 1993 年的 5.7619：1。

有一件事情让我至今记忆犹新：1993 年底，我当时正协助国内一家大型企业进行进口大型设备谈判，一切准备就绪（包括进口外汇额度审批），准备在 1994 年元旦正式签字。签约会场已经布置妥当，领导讲话稿以及电视台采访等也准备好了。没有想到的是，就在我早晨赶往签约现场的路上，听见中央人民广播电台播放的消息，中国政府实施汇率并轨制改革，从 1994 年元旦开始，人民币兑美元汇率贬值 46%，从 5.8 变为 8.7，人民币和美元非正式挂钩。这个消息对那家进口企业来说，非常突然，签约被迫取消。原因在于，企业在一天前可以购买整套设备的外汇，一天后仅够买半套设备。

从 1994 年起，人民币兑美元汇率从一开始的 8.7：1 逐步调至 8.3：1。在接下来的 10 年间，人民币兑美元基本上在 8.27：1～8.28：1 区间浮动。2001 年，中国加入 WTO 后，对外开放进入一个新的阶段。从 1993 年至 2005 年，中国外汇储备由 200 亿美元迅速增加到 8200 亿美元，成为当时全球第一大外汇储备国。

随着中国成为全球第一大外汇储备国，国际社会要求人民币升值的呼声越来越高。美西方国家也通过经济、政治等手段向中国施压，要求人民币升值。

2005 年 7 月 21 日，中国央行正式宣布废除原先盯住单一美元的汇率政策，开始以市场供求为基础，参考一篮子货币进行调节，进行有管理的浮动汇率制度，并在 2006 年引入询价交易方式，改进了人民币汇率中间价的形成方式。

2008 年国际金融危机爆发，使得中国汇改暂停，中国重回紧盯美元的汇率策略。

到 2010 年 6 月，人民币兑美元汇率为 6.83：1；同年，中国外汇储备已高达 2.43 万亿美元，占世界外汇储备总和的 1/3。

2010 年后，美西方国家持续对中国施压要求人民币升值，巴西、

印度、俄罗斯等与中国有贸易往来的新兴国家也呼吁人民币升值。到2013年底，人民币兑美元已升至6.1左右，这成为1994年人民币汇改以来的最高点。2014年年中，中国外汇储备达到历史顶点3.99万亿美元。2014年，中国外汇储备规模逐步下降，人民币也由升值转向贬值。

2015年8月11日，中国央行宣布优化人民币兑美元汇率中间价报价机制，同时将人民币兑美元中间价贬值1136个基点，人民币兑美元汇率瞬间从6.1左右贬至6.3左右。

"8·11"汇改后，人民币步入贬值区间。伴随人民币贬值，资本也呈现流出迹象。2017年1月1日，央行再度出手，促使汇率从7左右升值至6.8左右，将做空人民币的空头击退。随之，人民币结束贬值重新升值，并一直持续到2018年4月。

从总体情况分析，人民币汇率已经进入一个较为稳定和健康的阶段。

范先生：中美之间曾就汇率问题进行过多年博弈，你怎么看？

我：2008年，伴随着国际金融危机的蔓延，全球经济陷入危机，而此次危机的发源地——美国更是首当其冲。为了挽救经济，美国政府除了采取一系列减税和经济刺激措施之外，还率先举起贸易保护主义的大旗。紧接着，又以气候问题为借口对包括中国在内的许多国家横加指责。但最为首要的问题是汇率。

席卷全球的国际金融危机将世界经济拖入谷底。中国经济在经历大幅下滑之后，终于平稳回升。但美西方经济却不乐观。在这种情况下，美国部分国会议员老调重弹，要求对中国施压，迫使人民币升值。中国此时刚刚从经济危机的阴影中走出，如果在此时再遭重创，势必会对中国未来经济发展造成负面影响。美国有可能借人民币汇率问题将中国列入汇率操纵国名单，从而将中国置于另一艰难境地。在这样的情况下，如何正确而有效地解决汇率问题，对中国来说，是考验智慧和策略的关键所在。

人民币汇率问题的提出源于中国快速的经济发展。自 20 世纪 90 年代以来，由于中国快速的经济发展，特别是外向型经济的发展，带来外贸连年出现较高顺差。据统计，自 1990 年以来，仅有 1993 年出现了贸易逆差，其余年份均保持较高的贸易顺差，外汇储备连续多年居世界第一，多年保持在 3 万亿美元以上的水平，其中中美贸易顺差一直处于较显著的位置。

众所周知，美国长期以来施行财政赤字政策，为了维护其政府正常运转，其每年都要维持 1 万亿美元以上的财政赤字，而赤字主要靠其政府发行国债来维持。中国曾连续多年是美国国债的第一大买主，持有巨额美国国债（从 2022 年开始逐渐减少）占美国政府财政赤字预算的 50% 以上。换句话说，维持美国政府运转的 50% 以上的支出是由中国负担的。至于中方贸易顺差的原因，其中之一就是美国长期以来坚持在高新科技等领域对中国采取出口管制政策，从而导致中美之间贸易顺差不断扩大和持续。

在这种情况下，中国也同样面临困境：一是由于国际金融危机导致外向型经济受到严重影响，致使出口势头减弱，利润下降。如果人民币不断升值，势必导致出口成本升高，利润下降，竞争力减弱，从而造成外向型企业大量减停产或倒闭。有研究机构测试结果表明，人民币升值 3% 将导致出口企业利润下降 30% ~ 50%；二是转变经济增长方式和调整产业结构是一个较漫长的过程，不可能一蹴而就。因此，短时间内，中国经济"三驾马车"的局面还难以改变；三是有前车之鉴。日本曾经因日元升值而"失去了十年"，这是一个典型的案例。

中国当时的经济实力和自身的条件还不足以在汇率问题上抗衡美国。因此，要求中国的有识之士和决策者有足够的智慧来巧妙化解这一危机。

化解人民币汇率危机的关键是要让美国人明白，人民币升值不能给美国带来长远的利益。为此，我的观点是：第一，如果一味地迁就美国，特别是不顾中国的实际情况使人民币快速升值，美国也不能从中享受到长远的利益。尽管人民币升值变相地使中国持有的美元贬值，但其总量并未变化。相反地，由于人民币升值，导致出口下降，成本提高，长期依赖中国商品的美国消费者的支出也将增加，由于中国出口减少，导致美国从中国进口的商品价格上升。在美国经济仍然前途未卜，失业率仍处在高位的前提下，居民收入没有提升，支出却大幅度提升，从而加重美国消费者的负担。从另一个角度说，对美国内需的启动也会产生不利和迟滞作用；第二，人民币升值导致出口减少，顺差减少。尽管对进口有利，但由于外汇储备减少，又囿于美国对中国出口实施管制，导致进口也处于萎缩状态。由此可见，如果不尊重经济规律而一味地通过施压和人为手段促进人民币升值，对中美双方都没有好处。

范先生：怎样才能够解决中美两国在人民币汇率上的分歧呢?

我：可从几个方面入手：① 对于中国来讲，要从理论到实操层面让美国人明白，人民币汇率保持相对稳定的必要性；同时，让美国人清楚，只有中国经济健康快速发展，人民币自然升值的趋势才能保持；② 敦促美国开放其高新技术的出口限制。这也是解决中美贸易不平衡问题的关键。如果这一问题有所突破，对中美两国的经济发展均可带来双赢的结果；③ 中国应该利用这一时机，在世界范围内大量购置资源性资产，例如，石油、铁矿石等。这一举措可以将大量外汇储备变成国家未来经济发展的物质基础，从而减轻大量外汇储备带来的压力，也可摆脱单一购买美国国债造成的被动局面。总之，中国应该以积极的两手应对美国的不合理要求。只有这样，才能避免落入汇率陷阱而影响国家经济的健康发展。

对话到此戛然而止。房间里忽然变得静悄悄的，甚至能听到水壶发出"吱吱"的声响。屋外的阳光开始变得热烈起来，房间里盛满了金色的丝线，春天的味道更浓了。

四、从WTO到奥运经济

我始终认为，在中国经济发展过程中，中国加入WTO（世界贸易组织）是一件值得大书特书的大事件。在此次"春幡：春天的漫谈"准备过程中，我也积极准备了与WTO有关的内容。果不其然，在接下来的对话中，WTO成了话题之一。

孟小姐：你能谈谈加入WTO给中国带来哪些变化吗？

我：中国经过近17年的努力，终于在2001年12月11日加入WTO。从这一天起，中国成为WTO组织成员并进入5年过渡期。随着5年过渡期的结束，中国正式成为WTO成员。如果以2023年12月11日为一个计算点，中国加入WTO已经超过22年时间。22年来，中国收获最大的就是进出口贸易。2000年，中国的对外贸易额为4743亿美元，2001年为5096亿美元，加入WTO的第二年（2002年），中国进出口额就达到6207亿美元，并于2004年突破1万亿美元大关。2022年，中国对外贸易额达到6.31万亿美元。2023年，中国对外贸易总额达5.88万亿美元。从2013年开始，中国就超过美国成为世界第一大贸易国。

要说加入WTO带来的变化，除了进出口贸易方面的巨大进步，更为重要的是推动中国迅速融入世界，让中国经济逐步和世界全面接轨。

中国加入WTO还带来了思想上的变化。从中央到地方，从社会精英到普通百姓，人们关心的内容已经从国内延伸至国外乃至全球。WTO改变了中国，变化和发展的中国也改变着世界。

冯小姐：中国加入WTO在取得成就的同时，有需要总结的经验和

教训吗？

我：当然有。在三个方面需要思考和总结：一是在中国外向型经济快速发展的同时，没有能够尽早及时抓住这一机遇，及时调整产业结构和转变经济增长方式，促使企业升级换代，建立具有自主品牌和核心技术的产业体系；二是不少企业忽视了国内市场的拓展。中国是世界上最大的潜在市场，由于多种因素的制约，导致国内市场，特别是广大农村市场还未能充分满足消费需求。大批外向型企业由于国外市场需求旺盛将重点转向国外市场，主要是接受外部订单生产，不需要主动开拓市场就能取得较好效益，因此，其扩展国内市场的动能不足；三是我国金融服务业的发展仍有待进步，其抗风险能力依然不足。

回望中国加入WTO走过的道路，既有成功的喜悦，也有经验和教训需要总结。在全球经济一体化的今天，重新审视相关的方针和政策是十分必要的。全球经济一体化仍是未来世界经济的发展方向，也是必然趋势。但保持自身的经济独立性，积极和主动融入世界经济，强化自我调控能力和扩大国内消费市场是现在和未来要做的主要工作。

在机遇和挑战面前，我认为，在未来的发展过程中，要着力抓好以下三方面工作：一是利用当前国际形势积极促进中国外向型经济调整产业结构，转变经济增长方式，提升企业自我调整和自愈能力；二是积极扩大内需，特别是广大农村的内需。中国可以利用巨额外汇储备，有步骤有分别地用于中国内需的启动，在广大的农村建立和加强以"两保"为主的保障体系，适当提高农产品价格，降低农资产品的价格（化肥、农药、农机等），为启动中国潜在的巨大市场奠定基础；三是利用雄厚的外汇储备，积极帮助国内中小企业融资和发展。在未来相当长的时间内，国内的就业压力会较大，而大批中小型企业是就业的主要渠道。因此，各级政府不仅要在资金上扶持，还要在税收等方面给予支持。在制定未来产业政策时，要坚持以内需为主，兼顾外向型经济，只有这样才能掌握主动，避免受外部因素的影响而使国内经济大起大落。

范先生：你怎么评价曾经颇为亮眼的奥运经济？

我：2022 年 2 月 4 日，北京冬奥会在北京"鸟巢"开幕。我没有出席开幕式，但去观看了几场比赛。由于防疫的需要，2022 年北京冬奥会的门票收入受到影响，但广告、电视转播等收入仍然可观。如果要谈奥运经济，最值得大书特书的还是北京 2008 年夏季奥运会。

在中国举办奥运会是中国人的百年梦想。为了 2008 年奥运会的顺利举行，中国在经济和社会的方方面面都做出了巨大努力。

在 2008 年之前的数年里，中国经济实现了快速增长。韩国等举办奥运会的国家经济快速发展的事实，让奥运经济在中国也一再被提及。国外一些研究机构也在北京 2008 年夏季奥运会举行前纷纷调高中国经济增速。2007 年 9 月 12 日，世界银行宣布将中国 2007 年的经济增长预期上调至 11.3%；9 月 17 日，亚洲开发银行也宣布将中国 2007 年经济增长的预期从年初的 10% 上调至 11.2%。

根据统计，中国经济从 2003 年开始至 2008 年，曾连续多年实现GDP 年增长超 10%。各国人士以各种不同的目光注视着中国经济的快速增长。曾有专家预言，2008 年奥运会后，中国经济可能出现拐点。这一预言在当时遭到国内外众多专家学者以及官员的质疑和否定。

在 2008 年北京奥运会举行之前，亚洲开发银行发表的《2007 年亚洲发展展望》报告认为中国和印度会共同推动当年和下一年亚洲经济的强劲增长。报告还将中国 2008 年的经济增长预期从 9.8% 上调至10.8%；世界银行公布的有关数据显示，随着中国经济以更快的速度增长，以市场汇率计算，2007 年中国经济增长对世界 GDP 增长的贡献达到 16% 以上，超过美国经济增长的贡献；如果以购买力平价方法计算，中国经济的贡献会更大。

由于日本曾在举办奥运会后出现经济衰退的前车之鉴，国际上一些专家和学者也担心中国在 2008 年奥运会之后出现经济衰退。

北京奥运会推动中国经济快速向前，跨过 2007 年进入 2008 年。由

于美国次贷危机引发的经济危机开始波及世界，国内外的有识之士开始警告危机将对中国带来的影响。但是，奥运会给中国带来的是巨大的热情和冲劲。尽管世界经济已经风雨飘摇，但在奥运会的光环下，中国经济依然未受太大影响。

总结入世 20 多年的经验和教训，我强烈地感到：经济全球化是一把双刃剑，只有积极而又审慎地掌握它才能达到趋利避害的目的。要做到这一点，首先，必须把内功练好，把国内的事情办好。只有这样，才能够积极参与国际竞争；其次，积极促进新的国际金融体系的建立，争取自己在国际金融以及经济方面的话语权。只有做到这些，才能够在未来发展的道路上保持经济健康平稳发展，才能够实现在 21 世纪复兴中华民族的梦想。

范先生：你给中国入世 20 多年的成绩打多少分？

我：85 分以上。尽管还有一些不足之处，但中国毕竟已经融入世界经济大潮之中！我的话是发自内心的，是自豪的。在我看来，近 20 多年来，中国最值得骄傲的事情就是加入 WTO 和成功举办两届奥运会。

我的话确实是发自内心的。讲完这些话，我又将目光移向窗外。窗外的天空湛蓝而高远，一只灰白色的大鸟在蓝天下翱翔着，我盯着它的身影在天地间自由地飞舞着，直至消失在目光的尽头。

五、从 CPI 谈起

冯小姐：从媒体上得知，从 2022 年初开始，美国就陷入严重通胀，美联储也连续多次加息试图抑制通胀，这是怎么一回事呢？

我：谈到通胀或通缩就一定不可避免地谈到 CPI，CPI 是英文 Consumer Price Index 的缩写，翻译成中文就是居民消费价格指数。这个指数是反映一定时间内城乡居民购买的生活消费品和服务价格变动趋势和程度的相对数，反映居民家庭购买的消费品及服务价格水平的变动情况。CPI 数值是宏观经济分析和监测调控价格总水平以及进行国民经济核算的重要指标。它的变动率在一定程度上反映通胀或通缩的程度。

通常来说，CPI 在 2% ~ 3.5% 波动都属于正常区间。如果 CPI > 3.5% 一般就被认为出现通胀；当 CPI 位于 3.5% ~ 5% 的区间时通常被认为是温和通胀，换句话说就是可以接受的通胀；当 CPI 超过 5%，则被认为出现严重通胀。相反，当 CPI 在 1% ~ 2% 时，通常被认为有陷入通缩的风险，当 CPI 低于 1% 或进入负数时，就被认为出现通缩。

冯小姐提到的情况属于严重通胀。美国自 2022 年初开始，CPI 一路上升；2022 年 5 月，美国 CPI 同比增速达到 8.5%，甚至一度超过 10%。

导致美国高通胀的原因，首先，疫情暴发后美国政府出台的大规模经济刺激政策。据公开资料，自 2020 年初到 2022 年初，美联储将货币发行量从 4 万亿美元提高到 9 万亿美元，货币发行速度前所未有，超过 2008 年次贷危机数倍；其次，疫情导致全球供应链中断，推升了全球物流成本，从而造成贸易商品价格节节攀升；最后，俄乌冲突导致全球大宗商品价格不断上升，特别是能源和商品价格。为了遏制通胀，美国从 2020 年上半年开始连续加息 11 次，将联邦利率水平从 0.25% 提高至 5.25%~5.50%。联邦基金利率目标区间已升至 2001 年以来最高水平。这一动作现在已经停止。

美国的通胀不仅打击了国内消费，也严重打击了全球经济和贸易。美国政府连续加息行为严重影响了一些发展中国家的利益，对世界经济的影响巨大。

张先生：我记得，有一段时期一些地方肉价涨得很厉害，这是否也是发生高通胀的信号？

我：中国 2022 年通胀率大约在 2%～3%，处于一种较为正常的状态。尽管相较于 2020 年和 2021 年有所上升，但总体在一个可以接受的范围内。你所说的那个时期猪肉价格上涨情况确实存在，但单一商品的价格上涨有其特定的原因，不能因此判定出现通胀。

范先生：自 2023 年初经济重启以来，有人担心会不会出现通缩？

我：三年的疫情给中国的宏观经济和百姓生活都带来了巨大的影响。2020 年 10 月，中国通胀率曾降至 0.5%，是 2009 年 10 月以来的最低水平；但这种趋势没有继续下去，进入 2021 年后，由于各项政策的出台，CPI 重又进入上升曲线，2021 年通胀率为 3.13%，基本上处于正常区间；2022 年和 2023 年，中国的 CPI 基本上位于正常区间内，出现通缩的可能性很小；2023 年初以来，国内市场出现一些商品价格在低位运行的情况，现已经缓解，出现通缩的可能性不大。

孟小姐：在近 20 多年的经济发展过程中，似乎政府一直都在警告防止通胀，是不是在中国发生通缩的概率很小？

我：你提了一个很好的问题。通胀和通缩是一对性格迥异的孪生兄弟。在经济发展过程中，这对兄弟经常出现，它们的态度或平和，或暴戾，或萎靡。它们中的任何一个"高调"出现，都会引发关注和重视，原因就在于它们与百姓生活息息相关，当然，还关系到其他方面。

我曾经这样形容宏观经济：如果宏观经济是一架天平，而天平的两端分别是通缩和通胀。当经济运行平稳，货币发行适度，CPI 在 1%～3%，那么，这架天平基本上是平衡的。当通胀的一端因货币超发等因素，导致物价上涨，CPI 突破 3% 之后，天平的平衡被打破，通胀就会出现；当通缩的一端因流通中货币减少等原因，引起物价下跌，CPI 跌至 1%以下甚至负数，天平的平衡被打破，通缩就会出现。出现不平衡的情况后，操作天平就要根据情况分别在通缩或通胀的一端加入适量的砝码（或者去掉适量的砝码），才能继续保持天平的平衡。

如果仅针对一架天平来说，操作起来会比较简单，但对于一个庞大的经济体来说，要想保持经济的平稳健康运行，就需要具有较高的调控能力和水平。

高通缩和高通胀一样都有其弊端。其中，高通缩的弊端主要表现在容易造成国民经济增长乏力和衰退、失业率上升、居民生活水平下降等。

最近 10 多年中，接近发生高通缩的年份是 2009 年。当时，由于美国次贷危机引发国际金融危机，致使中国经济自 2008 年 10 月后迅速掉头向下，步入下行轨道。2009 年 2 月 10 日，国家统计局公布 CPI 为 1%，PPI（生产者价格指数）为 –3.3%。如果剔除元旦和春节的翘尾因素，1月份的 CPI 可能已经转为负数。由于 CPI 通缩产生的影响逐步传导至PPI，经济学家们普遍预测 3 月份 CPI 将变成负数，甚至有经济学家预言，2009 年 PPI 将达到 –6% 至 –7%，CPI 则有可能达到 2% 至 –3%。如果预言成真的话，高通缩的情况就会出现。央行发言人也公开承认，中国经济已出现通缩的危险。同时表明央行要出台相应措施抑制通缩。最终，通缩被抑制。

在我看来，应对通缩的根本在于实现经济企稳和复苏。应对高通缩是否有效主要看三个方面：一是各项经济调控措施能否奏效；二是实体经济是否继续恶化并导致失业率继续上升，以及内需是否进一步萎缩；

三是世界经济的发展情况。对于解决可能出现的通缩问题，还要注意解决三个方面问题：一是防止出现出口大幅滑坡和内需不振的问题；二是促进国内经济结构调整和改变经济增长方式的问题；三是推动乡村振兴的问题。

虽然中国经济仍处于较快发展阶段，发生高通缩的概率较低，但也要做到未雨绸缪。

时间接近正午，窗外的阳光变得明快而热烈。只是窗外黄鹂的鸣叫声听不到了。"它们去哪里欢庆春天了呢？"我喃喃自语道。

六、人口老龄化的思索

张先生：我记得 2006 年的时候曾经和你讨论过人口老龄化的问题。那一年，恰好媒体上发布消息，上海 65 岁及以上老龄人口超过 260 万人，上海正式步入人口老龄化的城市。10 多年过去了，今天的中国老龄化情况如何？

我：当年，我们讨论人口老龄化的时候，也恰好是国家公布相关数据之时。2005 年 12 月，中国 65 岁及以上老龄人口跨过 1 亿大关，这一数字在全国总人口中的比例超过 7.7%。如果依照国际通行的标准，中国开始步入老龄化社会。2016 年，65 岁以及以上人口比重已经上升至 10.8%；2020 年，65 岁及以上老龄人口达到 1.91 亿人，比重上升至 13.5%；截至 2022 年，这个比重已经高达 14% 以上。由此可见，中国老龄化进程在不断加快。按照这个趋势，到 2027 年，中国将从一个老龄化社会转变为老龄社会。

根据人口专家预测，到 2050 年，中国 60 岁及以上老年人口将达到或超过 4.3 亿人；即便从 2050 年以后，中国人口增长呈逐步减少的趋势，到 2100 年，老龄人口仍会维持在 3.5 亿人左右。这意味着中国在整个 21 世纪都将面临人口老龄化的问题。换句话说，人口老龄化是中国的世纪难题。

范先生：我出生于 1960 年，今年已经 64 岁。我在日本工作时，日本已经是老龄化国家。你认为中国和西方国家在这方面有何异同？

我：从世界范围，特别是将发达国家和发展中国家进行比较后发

现，资本主义国家，特别是西方老牌资本主义国家的老年人口比例远远高于发展中国家。从某种程度上说，人口老龄化也是衡量某个国家经济和社会发展水平的一个标志。发达国家由于经济发展成熟和社会稳定，人口健康水平较高，人口生育水平下降，人口出生率较低（甚至是零或负增长），因此，人口老龄化程度比较高。世界上较为典型的人口老龄化国家是日本和意大利，65 岁及以上的老年人口已经接近或超过 20%；其次，德国等国家也已经超过 16%。相对于这些国家，中国 14% 的老年人口并不十分严重。

通过比较，中国和西方发达国家的人口老龄化有较大的差异，表现为以下三点：

第一，西方发达国家人口较少，且基数在过去的一两百年时间里，未出现太大的超常增长，其人口增长比例较合理，经济发展和社会发展较好，人口素质较高，社会保障体系较完善。因此，尽管许多西方国家在多年前就已经步入老龄化社会，但其经济和社会仍然处于良好的发展过程中。

而中国的人口增长在过去的 100 多年里一直处于较大波动的状态。自 19 世纪末到 20 世纪 40 年代末期，由于战乱以及社会动荡，在长达 50 年的时间里，中国人口基本没有变化（即通常所说的 4.5 亿人口）。中华人民共和国成立之后，自 20 世纪五六十年代开始出现人口爆炸性增长。虽然在 20 世纪 70 年代开始施行计划生育政策，但中国人口在 20 世纪 80 年代中后期以及 90 年代仍然出现了生育小高峰。

第二，尽管从 20 世纪 80 年代初开始，中国经济呈现快速增长的态势，经济发展水平逐步提高，经济实力也得到相应的提高。但由于中国人口基数过于庞大，半数以上的人口分布在广大的农村地区，而农村地区随着人均土地的减少，大批农村人口进入城市。由于社会保障体系建立较晚，社会保障体系还需进一步完善。

第三，在大量的城市人口中，城市人口生育率呈逐年下降趋势，这一趋势使得小家庭增多，赡养人数增加，个人负担增加。

冯小姐：人口老龄化是社会走向衰退的标志吗？

我：人口老龄化并不是阻碍经济和社会发展的绊脚石。如果能够在经济和社会政策方面进行一系列科学的调整，"人口老龄化"带来的负面影响会被抵消，也不会将社会和经济带入衰退。

针对中国人口现状，我的建议是：第一，进一步完善覆盖中国城乡的社会保障制度，加强以城市社区以及以农村乡镇为基本单位的社会医疗和服务体系；第二，加强对现有人口的教育普及工作，发展老年终身教育体系，提高人口素质；第三，调整产业结构，逐步从劳动密集型产业向技术和资本密集型产业转移，调整人员退休年限，培养新的就业岗位，为进入老龄化阶段的人口创造再就业的环境和岗位；第四，积极培育老年消费市场，大力发展"银发经济"。

我认为，从科学的角度和世界范围看，人口老龄化是每一个国家和经济体社会发展的必经阶段。中国要减少人口老龄化带来的负面影响，就要适时地建立科学的应对机制。只有这样，中国才能在人口老龄化这一难题到来之时积极有效化解。

目前，中国已经有超过 2 亿的人口进入老龄化人口之列，从 1 亿到 2 亿，只用了 16 年的时间。

对于一个发达经济体或者正走向富裕的国家和地区来说，人口老龄化是不可避免的。主要原因是，人口平均寿命延长，自然死亡人数降低，以及人口出生率降低。随着老龄经济的建立和发展以及科技的进步，人口老龄化不仅不会成为世纪难题，相反，银发经济可能会异军突起。

张先生：中国进入老龄化社会，也意味着越来越多的"中国大爷"和"中国大妈"的出现。我知道，中国大妈在许多年前就已经成了专有名词。你怎么看待中国大妈当年 PK 华尔街？

我：你的这个问题十分有趣。确实如你所言，如果以 2022 年中国有 2 亿 65 岁及以上老人的话，按 50% 估算，中国如今约有 1 亿 65 岁

及以上的中国大妈。考虑到女职工通常退休比较早等因素，这个群体或许更加庞大。

你提到的当年中国大妈叫板华尔街一事，从一个侧面反映了富裕起来的中国百姓强大的购买力，只不过比较起来中国大妈的购买力更为惊人而已。据我所知，当年出现的专有名词——中国大妈的诞生是这样的：

2013 年 4 月，国际黄金价格出现了两次暴跌，其中一次是 4 月 12 日，另一次是 4 月 15 日，金价从 1550 美元／盎司跌至 1321 美元／盎司，创下 30 年来最大跌幅。就在整个世界对黄金未来走势极度悲观之时，据说，以中国大妈为代表的买方斥 1000 亿元人民币在中国内地和港澳地区购买了约 300 吨黄金，全球舆论为之哗然，其中最吸引人眼球的标题是：中国大妈战胜华尔街。

一些媒体喜欢用惊世骇俗的字眼来吸引读者的眼球。借中国大妈喜欢购买黄金保值这件事大做文章，一方面是吸引全球的目光，另一方面也是渲染中国的富裕和超强购买力。事实上，我没有获得任何可靠的信息证实中国大妈购买了 300 吨黄金。对于中国大妈完胜华尔街这件事，也只是当作笑话一笑了之。

冯小姐：你怎么看待今天的华尔街？

我：华尔街的名字代表着一个帝国——强大金融帝国的存在，同时，也是美国强大经济金融地位的代名词。当源自华尔街的金融风暴开始席卷世界的时候，人们对华尔街的认识开始变得矛盾起来。在消退的华尔街光环面前，人们也开始怀疑，华尔街时代是不是真的要结束了。

我曾经多次从华尔街走过，也多次走进街道两旁颇具神秘色彩的建筑之中。和世界上许多人一样，在我的眼里，华尔街是神奇的，也是坚不可摧的。可是，当金融飓风在华尔街生成并刮向全世界之时，在一片狼藉的惨象面前，我也开始重新审视华尔街，希望能从华尔街光怪陆离的现象中找到答案。

华尔街崛起于第二次世界大战结束之时，在战争中发了横财的美国和美国人成为世界的赢家。在日常生活中，越来越多的美国人开始投资股票。20世纪70年代，养老基金和工会基金更成为华尔街的新宠，保险公司以及为中小投资者提供服务的共同基金也越来越多，越来越重要。在经过20世纪早期的一系列洗礼之后，华尔街逐渐进入成熟期。实际上，20世纪70年代的经济危机并没有对华尔街造成太大影响，进入20世纪80年代以后，华尔街逐步走向国际舞台并成为世界霸主。

推动华尔街成为霸主的原因很多，但归纳起来有四个方面：

一是全球金融市场在20世纪50至80年代，正处于"战国"时期。尽管美国的国际地位相对衰落，但和欧洲资本主义国家比较起来，美国依然强大，经济实力仍处于世界老大的位置。在比较世界各国的货币后，投资者依然认为美元较其他货币坚挺，这一切都促进了美元霸主地位的上升。

二是里根政府执政时期推行的经济自由化政策延伸至金融领域，使得金融创新几乎不受限制，达到了空前的繁荣。

三是以互联网为代表的信息传播技术大大缩短了世界各国之间的距离，提高了效率，也使世界金融市场真正成为一个整体。

四是世界顶尖金融家以及经济专家汇聚于此，层出不穷的金融产品和高回报收益吸引了全球金融家的目光，以至于华尔街达到了空前的繁荣。

不过，正是因为上述原因，使华尔街泡沫达到了极为丰富的地步，也最终导致了泡沫的破裂。

华尔街神话的破灭和神奇光环的消退，使美元的国际储备货币地位受到质疑，改革国际金融体系的呼声也越来越高，其他金融中心欲挑战华尔街地位的企图也日渐明显。

我认为，在一系列经济（金融）危机之后，由于美元地位的削弱以及监管措施的加强，一些所谓的金融创新产品已经为人们所唾弃。华尔街的魔力在消减，但华尔街在全球金融中心的地位一时还难以被取代；

华尔街的光环正在消退，但还不会被湮灭。理由有以下五点：

第一，自 20 世纪 80 年代以来，由于美国的经济实力在全球经济的比重仍然占四分之一以上，其领导和左右全球的实力并没有被削弱，相反，依赖美元的霸主地位，其会千方百计地将损失转嫁给其他国家。因此，美国受到的损失和打击都相对较小。

第二，在短期内，国际金融格局只会微调，而不会有大的改变，其他金融中心还无法替代华尔街。

第三，科技进步给各国政府带来了可以协调一致采取措施防范较严重经济危机的可能。

第四，美国社会的稳定在很长时间内给全球的投资者带来信心。

第五，华尔街网罗世界顶尖人才的内外因素依旧诱人，依靠这些顶尖人才重塑金融帝国的可能性依然存在。

因此，在今天的世界金融和经济架构面前，既要摒弃迷信华尔街的心理，也要认识到华尔街的金融霸主地位在未来一段时间内不可动摇的现实。因此，在未来的发展过程中，既要立足于自身金融和经济体系的建设，又要借鉴华尔街先进的管理和经营经验，努力打造自己的金融中心和金融体系，培养和锻炼一批精英人才队伍，这才是从华尔街的发展历史中得出的启示。

一阵悦耳的鸽哨声从窗外传来，我已经许久没有听到如此悦耳的鸽哨声了。借着讲话告一段落，我走到窗前向声音处望去，一群灰鸽子在金色光线编织的蓝天下自由地飞翔着。看到这些，心顿时陶醉了。

七、城镇化和乡村振兴

张先生：你如何看待中国的城镇化？

我：城镇化是进入 21 世纪后多次提及的话题。中国 40 多年的经济高速发展是伴随着农民进入城市以及中国走向城市化开始的。

我是城镇化的支持者。我认为，在一些人口众多的省市和地区，大力发展中小城市，建立区域城市中心是解决农村人口就近就业并缓解一些超大城市压力的必要手段。但在推进城镇化的过程中，也曾经出现伪城镇化的问题。为此，我也曾大声呼吁要抵制伪城镇化。

城镇化是一个国家在经济快速发展之后的必然过程。几百年前，西方城镇化就是随着工业化的快速发展开始起步的。如今，西方发达资本主义国家的城镇化率一般都在 70%～80% 以上，它们的城镇化之路走了上百年时间，而中国这一过程只有 20 年左右。

中国由于人口众多，大量人口生活在农村，受教育程度普遍较低，缺乏完善的配套措施，导致总体上城镇化率较低，因此，城镇化道路曲折而漫长。但正因为问题较多，就更应该花大气力和更多时间去设法解决，否则，扩大内需的一些政策措施可能就会落空，经济的可持续发展就会大打折扣。

高先生：近几年，乡村振兴被中央反复提及，你认为这两者矛盾吗？

我：这两者并不矛盾。我以为，城镇化和乡村振兴是中国经济的两翼，只有两翼都丰满、协调和有力，中国这只大鹏鸟才能一飞冲天。我理解的乡村振兴是国家和各级地方政府要支持乡村实现可持续健康发展。

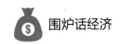

乡村振兴和城镇化相互不矛盾，也不冲突，它们之间是一种有机的互补关系。

我认为，未来健康和谐的社会应该是农村人口可以进入城市，城市人口也可以进入乡村。中国的城镇化人口如果能够达到70%以上，整体的社会结构就会发生积极的变化。剩下20%~30%的人口住在哪里呢？就生活在实现了乡村振兴的乡镇。在那里，能够看得见青山绿水，听得见鸟语蛙鸣，看得见麦浪和稻田，也能寻得见乡愁。

中央提出乡村振兴战略是根据中国乡村的现状和存在的问题推出的一个重大举措。在2000年之前，有七八亿人生活在乡村。随着经济的发展和社会的进步，大批农村人口流入城市，为城市的经济发展注入了活力，作出了巨大的贡献。

由于乡村人口大量流入城市，而一些乡村一度成为空心村，只剩下老、弱、病、残、妇、幼。推动城镇化，就是要引导生活在乡村里的农民就近在城镇中就业，为他们提供合适的工作岗位以及生活和医疗保障，为他们的子女提供较好的学习条件。因为绝大多数走出乡村的农民及其子女都不可能再回到曾经生活的乡村。因此，引导这部分农民进入家乡周边的城镇就业和生活是一个切实可行的办法。

提出乡村振兴的目的是改变当下乡村的现有状况（包括交通、通信等软硬件设施），鼓励有条件的人到乡村去创业或开展现代农业等方面的工作，同时做好农村的环境保护和卫生医疗工作，让一些有着悠久历史和文化传承的乡村能够重新焕发生机和活力，并走上可持续发展之路，这才是推动乡村振兴的初心。

生活在城镇里的居民同样可以从事现代农业生产以及加工、物流等方面的工作，在乡村中生活的人们也同样可以到城镇去工作。未来的乡村是一个环境优美、寻得见乡愁的地方，也是城镇化发展进程中的有益补充。

乡村振兴，是要振兴产业和焕发人的精神面貌，让乡村重新焕发活力；而城镇化代表的是一种现代生活方式，是一种现代工作环境。两者相互促进、共同发展和互为补充。

谈完这个话题，张先生陷入了沉思，他可能想到了自己的家乡，想到了他的亲友们。

在中国的城市中，可能每一个人都和乡村有着千丝万缕的联系。此时，我想起了自己的童年，想起了淮河左岸沿淮平原上的那个偏僻小镇。"或许，多少年后，那个曾经十分熟悉的地方，会成为一个美丽的宜居小镇。"我暗自思忖道。

八、构建经济学华屋的大师们

　　午饭时间到了，"春幡：春天的漫谈"也暂告一段落。范先生为此次午餐准备了纯粹的日本料理，也给每个人准备了一壶清酒。

　　就在我埋头吃日本料理的时候，孟小姐悄无声息地走到我的旁边坐下。我拿起面前的酒杯和她碰了一下后，一饮而尽。孟小姐也一口将杯中的酒送进口中，然后说道："上午的漫谈都集中在一些当下热门的经济话题上，下午能不能换一个方向呢？"我笑着问道："你希望换一个怎样的方向呢？"孟小姐想了一下，道："据说，多年以来你经常鼓励身边的朋友学一点经济学。我是学新闻学的，对经济学是外行。刚才，我征询了其他几个朋友的意见，他们也有此意。在下午的时间里请你给我们简单介绍一下什么是经济学吧？"

　　我：10多年以来，在范先生的居酒屋，我们从最初单纯地谈论文学逐渐延伸至经济、社会、人文等多个领域。我也在和大家围炉聊天的过程中将一些经济学的基础知识和原理穿插其中，没想到竟引发了大家的兴趣。随着朋友们跨入经济学之门，也促使我在业余时间将放下多年的经济学书籍重新找出来，在日常工作和生活中持续关注国内外宏观经济的变化。在我看来，经济是重要的，学一点经济学也是必要的。

　　要想真正了解经济学，就要知道它的来龙去脉。当然，我今天谈的经济学主要是指西方近现代经济学。而要了解西方近现代经济学又必须去认识西方经济学发展的200多年时间里的一些重要人物。每当谈到这些人物时，我的脑海中就会出现亚当·斯密、凯恩斯、萨缪尔森和曼昆等名字。而当我想起这些名字时，又总会在脑海中闪现出我国清代诗人赵翼的诗："李杜诗篇万口传，至今已觉不新鲜。江山代有才人出，各领风骚数百年。"从亚当·斯密到萨缪尔森再到曼昆，中间跨越了200多年时间。几乎在赵翼（1727年至1814年）写这首诗的时候，亚当·斯密已经写出了被称为经济学圣经的《国富论》，从而奠定了近现代西方经济学的基础。从亚当·斯密、萨缪尔森到曼昆，也印证了赵翼的诗句"江山代有才人出，各领风骚数百年"。这些大师们引领的风骚就是西方近现代经济学。

我以为，不论以什么样的方式或从何种角度谈经济和经济学，首先都要弄清楚经济一词的含义和由来。

经济一词来源于古希腊语，意即管理一个家庭的人。管理一个家庭的人是要为这个家庭考虑许多事情的。简单地说，就是为每一个家庭成员配置稀缺资源。经济学之所以成为一门科学，其前提是建立在资源稀缺的基础上，没有稀缺就不需要经济学。家庭是社会的细胞，经济学就是研究社会如何管理自己的稀缺资源。

在近现代西方经济学诞生之前，就已经产生了西方古代经济学，它包括古代希腊经济学以及古代罗马经济学等。与西方经济学相对应的还有东方经济学，包括中国古代经济学、印度古代经济学、阿拉伯古代经济学等。曾经在某个特殊时期，东方经济学被片面地理解为以马克思主义为核心的社会主义经济学，这是错误的认识。我们今天所说的经济学主要指近现代和当代西方经济学，也就是以亚当·斯密《国富论》为起点的西方经济学。《国富论》问世以后，近现代经济学才真正步入发展的正轨。

自1776年《国富论》问世至今，在240多年的时间里，在亚当·斯密奠定的近现代西方经济学的基础上，涌现出一大批闻名世界的经济学大师。他们丰富和发展了西方经济学，并将其运用于西方市场经济国家的实践之中，成为主流经济学。在西方经济学范畴中，也包括马克思主

义政治经济学。

200多年来，近现代西方经济学得到了长足的发展，在各个发展时期相继出现了各具代表性的经济学大师。正是这些大师的出现，西方经济学的华屋才耸立起来。

在亚当·斯密的身后，陆续出现了大卫·李嘉图、萨伊、穆勒、马尔萨斯、马歇尔、凯恩斯、米尔顿·弗里德曼、萨缪尔森、卢卡斯、斯蒂格利茨、曼昆等，可谓人才荟萃，大师辈出。从亚当·斯密的古典经济学到新古典经济学，再到凯恩斯主义经济学和新古典宏观经济学以及新凯恩斯主义经济学，西方经济学流派林立。百花齐放，百家争鸣，带来了西方经济学的不断创新和发展，筑就了屹立于世界近两个半世纪的瑰丽殿堂。

在筑就西方经济学华屋的过程中，除了亚当·斯密的《国富论》外，英国经济学家大卫·李嘉图以他曾经在伦敦交易所成功投机的智慧和眼光，阐述了在现代自由贸易政策中的比较优势理论。简单的表述就是：在两国之间，劳动生产率的差距并不是在任何产品上都是均等的，每个国家都应该集中生产和出口具有比较优势的产品，进口具有比较劣势的产品（即"两优相权取其重，两劣相衡取其轻"）。这一理论也被誉为西方经济学中的伟大理论。马克思的《资本论》名列西方经济学最重要的理论之中。马克思的剩余价值理论曾经是我上学时学习的内容；法国经济学家瓦尔拉斯著述的《纯粹经济学要义》也在西方经济学发展史上占有一席之地；美国经济学家费雪的《利息理论》是一本关于资本理论的著作；英国经济学家凯恩斯所著的《就业、利息和货币通论》被称为宏观经济学的奠基之作；而英国另一位经济学家马歇尔的《经济学原理》被西方经济学界认为是《国富论》之后最伟大的经济学著作，他也是新古典学派的创始人；美国经济学家萨缪尔森的《经济学》是当代最重要的经济学著作，也是发行量最大的经济学著作；美国经济学家布坎南所著的《同意的计算》同样是一本重要的著作。

如果说西方古典经济学从 17 世纪中叶到 19 世纪 70 年代以亚当·斯密为代表并开启了其发展进程的话，从 19 世纪下半叶到 20 世纪 30 年代，西方新古典经济学正式开启。而西方现代经济学则以 20 世纪 30 年代的凯恩斯主义产生作为标志，特别是凯恩斯 1936 年出版的《就业、利息和货币通论》标志着当代经济学的产生。该书和爱因斯坦的《相对论》、达尔文的《物种起源》、马克思的《资本论》一道被人们称为改变世界历史的四大著作。不可否认的是，无论近现代或当代经济学华屋多么辉煌瑰丽，其根基都来源于亚当·斯密。

高先生：在现代西方经济学发展过程中，有哪些经济学家作出了卓越贡献？

我：当时间的指针指向 20 世纪的时候，特别是进入现代社会之后，除了凯恩斯之外，还有两位著名经济学家是应该被记住的。他们是萨缪尔森和曼昆。

萨缪尔森（1915 年至 2009 年）是美国著名经济学家，也是第一个获得诺贝尔经济学奖的美国人，麻省理工学院经济学教授。他是凯恩斯主义在美国的主要代表人物，融合了新古典主义经济学，创立了新古典综合学派。他的著作《经济学》以 40 多种文字在全球销售超过 400 万册，是全世界最畅销的教科书，影响了几代人。也正是萨缪尔森和他的《经济学》，将西方经济学理论第一次系统地带进中国，并使他的经济学思想和理论得以在中国呈现并获得广泛认可。我系统地学习经济学也是从萨缪尔森的《经济学》开始的。

萨缪尔森被誉为经济学界最后一个通才。他出身于一个经济学世家。他的侄子曾担任美国总统奥巴马的首席经济顾问，兄弟和妹妹均是知名的经济学家。

萨缪尔森还被誉为"能够和普通大众进行交流的为数极少的科学家"。他经常出席国会作证，在联邦委员会、美国财政部以及各种非营利机构担任学术顾问。他发展了数理和动态经济理论，将经济科学提高到一个新的水平，是当代凯恩斯主义的集大成者，经济学领域的最后一个通才。他是当今经济学界的巨匠之一，他所研究的内容十分广泛，涉及经济学的方方面面。

萨缪尔森首次将数学分析方法引入经济学，帮助在经济困境中上台的肯尼迪政府制定了著名的"肯尼迪减税方案"，写就了被世界数百万大学生奉为经典的教科书——《经济学》。2009 年 12 月 13 日，萨缪尔森在家中去世，享年 94 岁。

萨缪尔森的学术成就包括"斯托尔帕—萨缪尔森定理""要素价格均等化定理"以及"乘数—加速原理"。作为经济学领域的通才，他发展了当代微观和宏观经济学，在"福利经济学"和国际贸易理论方面都有新的发现和创新。

著名的《经济学》是萨缪尔森 1948 年完成的，之后又进行了多次修订。1953 年，萨缪尔森应邀到美国预算局任职，成为政府的高参。这一年，他的《经济学》第三次修订；1961 年，萨缪尔森出任美国财政部经济顾问。这一年，他的《经济学》第五次修订；至 2009 年去世，他的《经济学》总共修订了 19 版。从他不断修订的《经济学》，可以读出他对经济学的执着和热爱。

或许，萨缪尔森一生最大的遗憾就是没有来过中国。中国的经济学家以及经济界人士曾计划邀请萨缪尔森在 2008 年 12 月 6 日这一天出席在中国举办的一个经济论坛，但由于其身体原因未能成行。一年后，萨缪尔森去世，给双方都留下了难以弥补的遗憾。

但萨缪尔森对中国充满了友好和期待。2008 年 11 月，他撰文称，到 2050 年，10 多亿中国人将会创造全球最高的年度国民生产总值。他建议，中国将来应该以奉行适度中间路线的经济体作为自己的发展目标。他指出，纯粹的资本主义不可能实现自我监管，它始终会造成不平等性的加剧和宏观经济波动的不稳定性。中间路线要求对市场和企业进行民主监管。虽然理性监管永远无法达到完美，但它是一个优于其他目标的选择。他还向美国读者指出，中国未来的成功可能会受到美国爱国人士的欢迎。经济绝对不是零和博弈。瑞士财富的增多未必会以美国财富的减少为代价。

萨缪尔森无疑是一位目睹中国经济快速成长的经济学大师。他的建言和希望是一个有着全球视野且目光睿智的经济学大师对中国的成长最美好的建言。为此，我对他更增添了一份敬意。关于曼昆，我会在后面予以详细的介绍。

孟小姐：作为非经济专业人士为何要学一点经济学呢？

我：像经济学家一样思考，是我的期望。如果朋友们能在各自的生活和工作中用经济学的思维看待和解决问题，一定会变得越来越幸福。英国著名戏剧家、文学家，曾获诺贝尔文学奖的萧伯纳曾经说过：经济学是一门使人幸福的艺术。凯恩斯说过这样一句话：经济学理论并没有提供一套立即可用的完整理论。它不是一种教条，只是一种方法，一种心灵的器官，一种思维的技巧，帮助拥有它的人得出正确的结论。

经济学乍听起来枯燥、乏味，看起来抽象难懂，但如果将其和身边的现实生活结合在一起去认识和运用，你会发现有些情况并不亚于文学作品中一些引人入胜的精彩故事。更重要的是，用经济学的方法去处理工作和生活中的问题会让你的工作和生活更有趣味。

经济学虽然不能提供解决现实问题的答案，但可以为你提供一种方法，一种思维方式和技巧。掌握一些经济学的基础知识和原理，可以促进一个普通民众向现代公民转变，推动整个经济社会的进步。这也是经济学的最大价值。

作家、文艺家、社会学家、法律人、新闻记者、企业家、商界人士、政府官员等，如果可能的话，都应该学一点经济学。学习用经济学的观点和方法去思考和解决问题，最重要的是拥有一种思维方式。在这个经济社会中，我们每个人都生活在其中，不可能和这个社会分离。因此，学一点经济学，拥有经济学提供的思维方式，对我们的生活有百利而无一害。

　　我的讲述告一段落，朋友们的脸上呈现出意犹未尽的神情。范先生站起身走到窗前将窗子轻轻打开，春天的气息随着清风扑面而来，不一会儿，整个房间都漾动着春天的味道。朋友们的情绪似乎也被春天点燃了，春意写在每一个人的脸上。

九、古典经济学之父

趁着上一个话题结束的间隙，范先生给每个人换了一杯今年的明前龙井。开心地品咂着龙井味道的朋友们中不知谁将话题扯到了 2022 年的鲁迅文学奖和 2023 年的茅盾文学奖上，还谈到了中国作协为"鲁奖"和"茅奖"的颁奖活动精心筹备的晚会。乍一听起来，这次"春幡：春天的漫谈"似乎成了文学的沙龙。

就在我也沉浸其中的时候，高先生突然打断了朋友们的热聊，道："你在之前的讲述中多次提及亚当·斯密和他的《国富论》，我和其他几个朋友都希望你能给我们简单地介绍一下亚当·斯密和他的《国富论》。"

我：如果你想了解近现代西方经济学的发展和历史，我建议你抽空读一读《国富论》。这本书的作者是近现代西方经济学的奠基人——亚当·斯密。《国富论》是一本影响世界发展进程的巨著，也是近现代西方经济学的奠基之作。关于《国富论》，我在步入大学时，曾怀着好奇想读懂这本书，说实在话，当时我没有读懂。10 年后，当我成为博士研究生的时候，导师建议我读这本书。这一次，我十分享受地读完了全书。

提到西方经济学，亚当·斯密是不能被忽略的，他是享誉世界的大师。他被誉为"古典经济学之父"，他的著作被公认为是近现代西方经济学的奠基之作；他的头像被印在新版 20 英镑纸币上；他还是哲学家，拥有作家的身份，在大学里讲授过修辞学和文学。他生于 1723 年，来自苏格兰，他的家乡科卡尔迪是一座古老的风景优美的小镇。他热爱

自己的故乡，在故乡的土地上完成了影响世界发展进程的煌煌巨著——《国富论》。

亚当·斯密无疑是位天才，也是那个时代最认真的倾听者和研究者。在率先开始资本主义工业化的英国，在"羊吃人"的"圈地运动"完成后，很少有人去总结和揭露资本主义，研究市场的内在规律和发展方向。唯有亚当·斯密在英国日新月异的资本主义发展过程中发现了某些内在联系和端倪。这个 14 岁就进入格拉斯哥大学的天才少年在主修拉丁语、希腊语、数学以及道德哲学的同时，博览群书，并接受了自由主义思想。

1740 年，亚当·斯密进入牛津大学学习，毕业后回到家乡科卡尔迪。1748 年，亚当·斯密到距其家乡不远的爱丁堡大学担任讲师，主讲英国文学。这一经历，让亚当·斯密成为一名作家。在他后来的著作和文字中，不时闪现智慧的文学光芒。就在讲授英国文学几年后，他又开始讲授经济学课程。1751 年，亚当·斯密回到其母校格拉斯哥大学担任教授，讲授逻辑学和道德哲学。在这里，他开始公开表达自己经济自由主义的主张并形成自己独有的经济学观点。

1759 年，亚当·斯密的第一本著作——《道德情操论》出版，这本书奠定了他在英国学术界的地位。

1764 年，亚当·斯密离开母校应邀前往欧洲大陆旅行。在 3 年的旅行中，他与众多欧洲学者交往和交流，不管是重商主义者，还是重农主义者，他都认真倾听。他在旅行中考察，也在旅行中思索，这一切都使他的理论日臻完善和成熟。3 年后，他回到伦敦，被选为英国皇家学会会员。为了完成自己的研究工作，亚当·斯密回到自己的家乡科卡尔迪，为写作经济学专著做准备。此次写作时间长达 6 年，后又花费 3 年多时间修改。1776 年，他耗时 10 年的著作——《国民财富的性质和原因的研究》(《国富论》)终于完成。这部著作标志着古典自由主义经济学正式诞生。

亚当·斯密的《国富论》甫一出版即成为近现代西方经济学的奠基

之作。在《国富论》中，亚当·斯密认为，人本质上是利己的，看似利他的行为实际上却是利己的，追求个人利益是从事经济活动的唯一动力。同时，人又是理性的，作为理性的经济人，人们能在个人的经济活动中获得最大的个人利益。如果这种经济活动不会受到干预，那么，市场这只看不见的手就能够引导人们实现利益最大化，并有助于公共利益。这本阐述资本主义自由经济理论的著作刚一问世即成为西方经济学的"圣经"。200 多年后，人们依然对其顶礼膜拜。

《国富论》的写作耗费了亚当·斯密几乎六分之一的生命，也严重损耗了他的健康，从此，疾病开始伴随其左右。为了完成他的两部关于哲学和经济学的著作，自 1784 年开始，他不顾健康状况恶化，继续工作。

1787 年，亚当·斯密应邀前往伦敦给英国内阁成员讲授经济学；同年 11 月，他又被推荐担任母校格拉斯哥大学的校长。

1790 年 7 月 17 日，亚当·斯密逝世，终年 67 岁。临终前，他坚持让遗嘱执行人将他未完成的十几部手稿付之一炬。

孟小姐：亚当·斯密为何要将他未完成的手稿焚毁呢？

张先生：或许，他不希望这些未完成的手稿给后世带来负面的影响。

我：我无法猜测他当时的举动。但至少有一点是可以肯定的，亚当·斯密是一个追求完美的人。另外，亚当·斯密终身未娶，当然也没有后人。

亚当·斯密在其去世之后 200 多年时间里，他的思想熠熠生辉从未黯淡。有评价指出，"亚当·斯密的理论体系是一个百科全书式的经济学体系，在两个多世纪以来，一直对经济实践和经济学的发展具有广泛而深刻的影响。"今天的西方经济学界依然对亚当·斯密的理论给予了高度评价。

卡尔·马克思这样评价亚当·斯密："在亚当·斯密手中，政治经济学已经发展到某种完整的地步……亚当·斯密第一次对政治经济学的基本问题作出了系统的研究，创立了一个完整的理论体系。"

亚当·斯密是不朽的。不仅在经济学方面，还包括哲学和文学方面。随着时间的流逝，他的思想依然具有重要影响。

21世纪初，我曾因公前往英国参访。一个偶然的机缘让我走近亚当·斯密的故乡。在苏格兰，在爱丁堡，我站在海岸边眺望着对面科卡尔迪的方向。晨雾在海面上弥散着，濡湿了岸边灌木茂密的叶片，阳光透着晨雾将对岸的轮廓显现出来，恍惚之间，仿佛出现了海市蜃楼……我似乎看见亚当·斯密从家乡安静的街道走过，手上拿着已经成稿的《国富论》手稿，晨风拂开了书的扉页。

我常常在想，如果亚当·斯密只是一名作家，那么，世界上就少了一位经济学大师，而英国或许会诞生一位世界级大文豪。

"以前，你曾经给我们介绍过《国富论》这本书，但今天我还是第一次知晓亚当·斯密还是一个作家！"张先生插话并感叹道，"卡尔·马克思都给予他如此高的评价，说明他绝对是一位大师！"

我：这正是我崇拜他的原因所在。

《国富论》之所以有如此大的影响力，除了亚当·斯密的天才外，还与他的所见、所思、所想有很大的关系。亚当·斯密所处的年代正是英国资本主义方兴未艾的年代，也是社会空前腐败的时期。资本家和政府官员相互勾结，导致资本主义发展过程中出现许多痼疾和问题。

孟小姐：你能具体介绍一下《国富论》的内容吗？

我：在《国富论》中，亚当·斯密认为，人在本质上是利己的，看似利他的行为实际上也是利己的，追求个人利益是从事经济活动的唯一动力。举一个简单的例子：一个面包师努力工作，用心烘焙色香味美的面包看似是为了顾客满意，实际上，仍然会因为面包销量大增而使自己最终受益。亚当·斯密认为，人是理性的，作为理性的经济人，能够在经济活动中获得最大的个人利益。他认为，政府不需干预市场，市场本身这只看不见的手能够引导人们实现各自的利益最大化。当然，他表达这个观点时，也是针对政府官员和资本家相互勾结的腐败行为而言的。

在西方，所谓看不见的手就是指自由的市场经济。这也是《国富论》的核心要义。

既然有看不见的手，一定就有看得见的手。美国著名的管理学家钱德勒就写过一本《看得见的手》。政府行为（包括计划经济等）都被视为看得见的手。中华人民共和国成立之后，仿效前苏联发展模式，施行计划经济。在很长一段时间里，几乎没有看不见的手，在社会经济生活和个人发展过程中忽视了市场的作用，也忽视了人性中利己的一面。当然，市场经济这只看不见的手也不是包治百病的良药。在资本主义发展过程中，无数次经济危机的产生以及通胀和通缩的出现，都是市场这只看不见的手失灵造成的。在我看来，看不见的手和看得见的手要相互配合使用才能够运用自如，就像人的两只手一样，既要发挥市场作用，又要注意宏观调控，只有两只手配合得当才能实现社会和经济的和谐发展。

张先生： 你认可亚当·斯密的观点吗？

我： 我总体上认可他的观点。尽管他的观点中存在着时代和历史的局限性，也有自相矛盾的地方，但瑕不掩瑜，《国富论》仍然是一部伟大的经济学巨著。

亚当·斯密的可敬之处还在于他对家乡的热爱，《国富论》就是在他的家乡写就的。亚当·斯密还是一位孝子，这一点符合中国传统的审美观点。他和他的母亲相依为命，对母亲至爱至孝。他的母亲90岁去世，6年后，亚当·斯密去世。或许出于他对自己的研究工作严谨到苛刻的缘故，临终前，他叮嘱遗嘱执行人将他未完成的十几部手稿焚毁，所以后来出版的许多著作都是根据他学生的笔记和言谈整理而成的。

我敬重亚当·斯密的另一个重要原因是他兼具经济学家和作家的双重身份，这在历史上是少有的。这在他留存于世的著作中可略见一斑。

张先生： 今天初识亚当·斯密以及《国富论》，他的事迹听起来就是一个具有文学韵味的故事，也让我大致了解了《国富论》中所要阐述的要义。看起来，文学和自然科学以及其他社会科学都有相通之处，都能够在圆桌边愉快地交流！

我： 当然啦，人类社会创造了许多灿烂的文明，也存留下数不清的文化遗产。在它们之中，诸多文明和智慧都存在着某种内在或外在的联系。正因为如此，这个世界才会多姿多彩，多元而有魅力。

时间像流水般在我们的对话中悄悄地溜走，午后的阳光明亮而和煦。春天的北京是美的，夕阳下北京的春天更加美丽。我想象着万里之外位于苏格兰的名叫科卡尔迪的小镇。在亚当·斯密的故乡，也一样春和景明吧。

想到这里，我掏出手机，搜索了一下，然后对朋友们说："让我诵读一首多年前我写给亚当·斯密的小诗吧，名字叫《致逝去的大师》。"

致逝去的大师

追寻逝去的大师

——经济学大师

在过去和现在的时间里

古典且睿智的思想熠熠闪亮

他的名字被镌刻在岁月里

他的头像印在新版英镑纸币上

他的著作被译成世上所有的文字

拨开时空的薄雾

我看见

在苏格兰

在家乡科卡尔迪古老的街道上

亚当·斯密信步走来

晨风拂开《国富论》的扉页

从此

世界上刮起持续两个多世纪的经济学飓风

新古典学派走来了

凯恩斯经济学派走来了

更多的学派走来了

但大师思想的光焰依然熊熊燃烧

终于，大师走了

他未完成的论文和手稿也和他一起走了

婚姻没有和他一起走

因为——

他终身未婚

　　听完我的朗诵，朋友们再一次拍手叫好。范先生又给每个人酒杯中斟满了清酒，然后大家共同举杯为亚当·斯密和他的《国富论》干杯。

十、身边的经济学原理

或许是时至午后让人慵懒的原因，张先生和高先生的脸上露出些许倦态。范先生也注意到了这些，他起身悄悄走到酒柜的后面。当他再一次出现在我身旁的时候，手中多了一瓶红酒。他一边吩咐服务员给每个人添一只红酒杯，一边亲自打开酒瓶稍稍倒出一点品了一下，然后满意地将酒倒进每个人面前的酒杯，再次提议为 2024 年的春天干杯。

冯小姐站起身将酒一饮而尽，又加了一点酒，然后走到窗前，打开窗子，郑重地将酒洒向窗外，她边洒边笑着说，让我们祝愿 2024 年的春天吧！范先生喝完后也给自己倒了一杯酒，然后踱到我的旁边，以一种聊天的语气说道："我是工科出身，尽管后来从事市场营销多年，但没有系统地学习过经济学。对于像我这样的人来说，如果想迈入经济学的门槛应该从哪里入手呢？"

我：我个人的建议是从学习经济学原理入手。我刚才介绍了几位经济学大师，其中萨缪尔森的《经济学》就值得一读。但我更愿意向你推荐曼昆教授写的《经济学原理》。这本《经济学原理》通俗易懂，他把经济学总结为十大原理，读懂这十大原理也许就可以大概了解经济学的基本框架和精髓。

我在某大学做客座教授的时候，为了让学生们更好地理解曼昆教授的十大原理，曾根据每一个原理所要阐述的内容，各选取一两个发生在生活中或身旁的小故事加以阐述和说明，取得了意想不到的效果。今天，我也借鉴当年的做法，和大家聊一聊生活中的原理。

　　第一个故事是我自身的经历。20世纪80年代末和90年代初，对于国人来说，电视机、电冰箱和洗衣机还是紧俏商品，买进口家电需要指标，即使买国产合资品牌家电也需要票证。按当时政策规定，出国（境）归来后可以免税买一件家电（大件）。1992年春，我因公出国考察，回国后有了一个购买进口家电的指标。此时，钱包里也只有买一件家电的外汇。买什么呢？为此，我思前想后并征求了朋友的意见，最后决定买台彩电。理由是什么呢？当时，我还是单身，除了早餐外，中午和晚上都在机关食堂就餐，自己几乎不做饭，而且每周换洗的衣服也不多。因此，冰箱和洗衣机都不是必需品，而买台电视机则可以丰富自己的业余生活。决定了之后，我就用出国获得的指标买了台电视机。在那个时代，和我一样第一次出国的人也几乎都是这种选择。这个小故事内容十分简单，却在无意之中道出了"经济学十大原理"中的第一个原理：**人们面临权衡取舍。**

　　这种取舍代表的不仅仅是个人的取舍，当人群组成社会时，一个社会或者国家也面临着权衡取舍。例如，在财政资金较为紧张的前提下，是发展重工业还是发展轻工业？是侧重于消费还是侧重于建设？在20世纪五六十年代，中国为什么勒紧裤腰带也要发展两弹一星？这些实际上也从一个侧面反映了经济学中的第一大原理。

　　20世纪90年代末，我一个乡下亲戚的孩子高中毕业没有考上大学，打算进城打工挣钱，他的父母让他来征求我的意见。我问他，和你同样条件的年轻人一年打工可以挣多少钱，他说两三万吧。我又问他，你再复读一年的话有把握考上大学吗？他说应该没问题。我给他算了一笔账，你复读一年的成本大概一万元，加上读大学四年放弃的打工收入大约十万元。但你大学毕业后，获得的收益会远远高于你这几年的损失。因此，我劝你回去认真复读一年，给自己一个机会。他接受了我的建议，回去复读了一年，考上了一所医科大学，毕业后到了省城一家医院工作，如今早已成为一名主任医师。有一年春节，我回乡省亲，他知道后来见我，对我千恩万谢。我说，当年我给你算的账是你放弃的机会成本，但你今天的成功远远大于你放弃的机会成本。他可能并不完全理解什么是机会成本，但我想表达的意思他应该完全理解了。

我讲的这个故事实际上也道出了第二个经济学原理：**某种东西的成本是为了得到它所放弃的东西，也叫机会成本。**

我另一个远房亲戚的孩子就没有刚刚提到的那个孩子运气好。小伙子高中毕业后，连考两年都没有考上大学，只好到北京打工。刚来北京时，顾及面子，不好意思来见我。打工几年后，有一天突然来找我。看到他疲惫的样子，我能体会他打工的不易。我问他个人的打算，他说想学一门手艺。我问他想学什么手艺，他说想学修机床或者修汽车，并以此来征求我的意见。我大致了解这个孩子的个人情况，就问他一些具体内容。他说，学修机床的费用是 6000 元 /3 个月，学修汽车的费用是 1 万元 /6 个月。据了解，一个机床维修技师，工资在 0.8 万 ~1 万元 / 月，汽车维修技师大约在 1.5 万~3 万元 / 月，而他现在每个月的工资大约 5000~6000 元。我建议他去学汽车修理。他接受了我的建议，学成后到一个进口汽车 4S 店去做维修技师，工资早就超过 3 万元 / 月，年底还有奖金和分红。

我的这个故事道出了"经济学十大原理"的第三个原理：**理性人考虑边际量。**

提到边际量就要提到边际变动。但边际两个字似乎从字义上不好理解。我觉得，你可以将边际理解为边缘。边际变动就是以你的事为中心所做的边缘的调整。在上面的故事中，我这个亲戚的孩子拟选学的两个技能都能做到边际收益大于边际成本，但在两个技能中，学做汽车维修技师所获得的边际量远远大于学做机床维修技师的边际量，我当然建议他去学做汽车维修技师。

冯小姐：听了你的经济学故事，我也想讲一个与边际量有关的故事。

我有几个同学有早年留学英国的经历。以前，在一起闲聊时，他们都开心地谈到过购买国际机票的技巧。临近暑假或圣诞节时，他们都想趁着假期回国探亲，但对于一个穷学生来说，口袋里没有多少英镑，为了能够买到便宜的回国机票，他们都会提前到英航在机场的退票柜台登记，并且收拾好行李，只要接到英航电话通知就立即赶往机场。当时，英国飞中国的经济舱票价单程都在 1000 英镑以上，而在起飞前几个小时如果能够幸运补到票仅需 200～300 英镑，甚至 100 英镑。实际上，便宜的票价并非是航空公司的慈善之举，而是航空公司最理性的行为。对于一架可以乘坐 300 人以上的大型飞机来说，或许只要正常售出150 个座位就能实现盈利，在总成本几乎不变的情况下（增加一名乘客最多增加一份饮料或餐食，没有其他成本）即使一个乘客只收 100 英镑，对于航空公司来说，也是有利可图的。这个故事是不是也恰恰证明了这个原理？

我：当然。

在现实生活中，当成本或收益发生变动时，往往会影响人的行为。我记得，几年前的 11 月上旬刚过，我突然发现每天都有数量不等的快递被送进家门，甚至还包括平板电视等一些大件商品。开始，我十分不解，问了后才知道是所谓的"双十一"网上购物节。从这一天的零时开始一直到 24 时，几乎所有的商品都打折，于是，就出现了家门口堆起大包小裹的景象。再回想起几年前，家里准备添置一辆新车时，从不关心汽车的父母拿着报纸向我详细介绍购买电动汽车的各种好处。仔细了解之后才知道，原来国家为了治理污染、减少汽车尾气排放，陆续推出了诸多优惠政策，甚至连供电部门也主动上门帮助免费安装充电桩。正是这些优惠安排终于让我决定买一辆电动汽车。

上述两个小故事也道出了"经济学十大原理"的第四个原理：**人们会对激励做出反应**。这种激励不仅存在于个人之间，对公共政策的制定者（例如各级政府）也同样有效。

如果说，上述提到的四个原理主要是影响个人权衡和决策的原理，

那么，在接下来的故事中会引入新的内容。

我本人在国家外经贸部门从事国际经济贸易工作多年，对中日之间的贸易关系印象深刻。我记得，中日建交是 1972 年 9 月 29 日。在建交之前，两国既没有外交关系也没有政府方面的交往，但两国的民间贸易从 20 世纪 50 年代初开始就一直正常开展。两国建交后，贸易额进一步递增，日本曾一度成为中国大陆除中国香港以外的第一大贸易伙伴。中国大陆和中国台湾的贸易关系也是这样。在 20 世纪 80 年代以前，中国大陆和中国台湾之间几乎没有任何直接贸易，绝大多数的贸易都是通过中国港澳地区、新加坡、日本等第三地转口。从 20 世纪 90 年代中期后，实际上，两岸已经实现直接贸易，贸易额不断创出新高。大陆从 20 世纪 90 年代中期后很长时间都是台湾地区对外贸易第一大贸易伙伴。

这两个故事直接证明了"经济学十大原理"的第五个原理：**贸易使每个人状况更好**。事实上，国家和家庭一样都能从相互交易中获益，只要交易是平等和自愿的。

中国的企业也是如此。过去的计划经济束缚住了企业的手脚，国家经济陷入困境。在改革开放后，特别是 1992 年邓小平南方谈话提出社会主义也有市场的概念后，国家经济得到了快速发展。看似只增加了市场两个字，却包含着尊重个人利益的内容，激发了个人和集体的主观能动性，从而带动了国家经济的快速发展。

这两个我亲历的关于中国乡村和城市发展和变化的案例从一个侧面印证了"经济学十大原理"的第六大原理：**市场通常是组织经济活动的一种好方法**。

我们在谈到现代经济学之父——亚当·斯密时，都会记得他所说的看不见的手。看不见的手在资本主义发展过程中起到了关键作用，也对市场经济的发展起到了决定性作用。但随着工业化革命和信息化浪潮的到来，以及集约化大生产的日益发展，市场经济要想获得健康快速发展，也需要政府的支持。

我们经常在电台和报纸上听到或看到"中国要守住十八亿亩耕地的红线"以及"要把饭碗牢牢地端在自己手里"等号召。为了鼓励农民种粮，政府对农民种粮实施补贴政策和最低保护价收购政策。实际上，一些农民的种粮成本以及一些粮食的价格远远高于国际市场价格。如果中央政府不出台相关政策，进口粮食（例如水稻、玉米、小麦、大豆等）就会严重冲击中国粮食市场。种田的农民就会因为粮价太低、种粮成本太高而放弃种粮（即"谷贱伤农"）。当然，这个例子并不十分典型，还有一些其他原因。但保护个人产权，维护市场公平，提供法律保障则是政府必须做的工作。

我刚到国家机关工作的时候，曾经遇到这样一种情况：在20世纪八九十年代，江苏南部、上海、浙江的丝绸出口企业出口情况比较好，利润也比较高。由于当地的蚕茧产量不能满足当地企业的需求，只能高价从周边省份购买，而安徽、江西等地（包括苏北）的丝绸企业因此出现了原料短缺的问题。为了保证本地企业的正常生产，一些地方政府开始在省与省的边界地区设卡，阻拦本省蚕茧农户将产品销往外省。这件事反映到中央后，高层经过调研后发文下令不准私自设卡拦截（在《朱镕基讲话实录》一书中也有相关内容）。当然，这种情况后来仍然时有发生，但政府的干预还是对保障自由市场经济起到了根本性的作用。

上述事例就是针对市场失灵（指市场本身不能有效配置资源的情况）政府必须干预经济的主要理由。

市场需要政府干预经济的原因无非有两个：促进效率和促进平等。为此，也将"经济学十大原理"中的第七大原理呈现给读者：**政府有时可以改善市场结果**。

1984年，邓小平提出小康目标，大意是所谓小康，从国民生产总值来说，就是年人均达到800美元。中国政府也曾经提出到2000年国民生产总值比1980年翻两番，人民生活达到小康水平。而同期美国1980年人均收入已经达到11000美元（1984年人均收入为14400多美

元）。看到这样的比较，人们不禁要问，为什么美国的生活水平如此高？而中国的生活水平如此低？

我在外经贸部门工作时，曾出访过一些西方发达资本主义国家。当时这些国家都有一个共同特点，不管是钢铁、煤炭、化工还是汽车，生产效率都很高，一般是中国的数倍甚至数十倍。换句话说，西方发达国家一个工人单位时间生产出来的物品比中国同行业的工人要高得多。首钢当年是中国重要的钢铁企业，每年生产几百万吨钢铁，职工人数曾经超过万人。而在日本、德国等同等规模的企业里，却只需千名工人。

由此，也印证了"经济学十大原理"中的第八大原理：**一国的生活水平取决于它生产物品和劳务的能力。**

上述结论也从中国快速发展中得到验证。中国经济快速发展，伴随而来的是生产效率的提高，当然还有人民生活水平的大幅提升。

冯小姐，谈谈你的买房经历。

冯小姐：我策划出版过多本畅销书。初期的时候，写书的收入基本上都存在银行里。2003 年，我原本打算买一套 300 平米的公寓房用以改善住房条件。当时大约需要 300 万元人民币，这对于我来说，并没有超过我的购买力。但我还是希望等等再说，于是，就让几百万存款继续躺在银行里吃利息。2005 年，当我再去同一楼盘询价时，顿时被惊得目瞪口呆，原先 300 万元的房子，已经涨到 600 万元，而我存在银行里的利息却只有区区 20 多万元。我当时还气恼地问肖先生："为什么口袋里的钱'毛'了？"我那时候头脑中还没有通胀的概念。

"我也问过肖先生为什么口袋里的钱'毛'了？"张先生突然插话道。

我：冯小姐的问题和张先生问我的问题如出一辙。冯小姐在我的建议下，付了 50% 的房款又向银行按揭 300 万元买房后，却又开始担心房价大跌。实际情况是，2010 年的时候，冯小姐买的房子价格已经超过 1200 万元人民币。

当然，北京的房价上涨幅度并没有真实反映通胀率，但却从另一个侧面印证了"经济学十大原理"的第九大原理：**当政府发行了过多货币时，物价上升。**

当然，通胀反映的是总体物价，房价大幅上涨只是其中最突出的表现。

由此，我还想起一些影视剧中描写 1948 年至 1949 年时的中国经济。在上海，米价一天一个价格，甚至上厕所用金圆券比买草纸更划算。这一现象和恶果就是当时国民政府发动内战造成社会动荡、经济凋敝和超发货币造成的。

可能大家都记得，2008 年北京奥运会后，由于受国际金融危机的影响，中国经济也迅速进入下行通道。据有关部门不完全统计，当年全国有 8000 万农民工找不到工作返乡。由于回乡的农民工不能及时就业带来了严重的社会问题。在这种情况下，中央政府推出了 4 万亿经济刺激计划。这一刺激计划促使经济触底回升，各地开工的工厂和工地重又显现生机，就业人数也大幅回升，只是通胀情况变得越来越严重。

这一案例回答了"经济学十大原理"的第十个原理：**社会面临通胀与失业之间的短期权衡取舍。**

与"经济学十大原理"相关的故事和案例似乎要暂时画上一个句号。"春幡：春天的漫谈"也将画上一个句号。

夕阳西下，西边的天幕被濡染成一大片橘红色。窗外的垂柳在微风的吹拂下扭动着婀娜的身体；深蓝色的天空下，几只春天的鸟儿在尽情地翱翔……我突然发现，北京的春天也和秋天一样美丽。我问自己，在 2024 年的春天里，我该做些什么呢？

第二篇　酒酽：火炉边的经济学

一、邂逅居酒屋

在人的一生中或许会有无数次的邂逅，绝大多数的邂逅都会湮没在流逝的岁月中，但有的邂逅却会成为一生中最美好的记忆。

和居酒屋主人范先生的邂逅就是如此。

人到中年，总是艳羡白居易笔下《问刘十九》一诗中围炉品茗、饮酒的生活和情趣。

> 绿蚁新醅酒，
>
> 红泥小火炉。
>
> 晚来天欲雪，
>
> 能饮一杯无？

除了情趣外还需要有一个面积稍大、较为安静的居所。终于，2004 年，我离开位于北京二环附近闹市区的居所，搬往东北五环外的新居。

我很喜欢新居以及周边的环境。新居南面不远处有一个小湖，还有几处面积较大的公共绿地和树林，环境清静幽雅。虽然离闹市区远了一些，但上班花费的时间和以前差不多。最重要的是，朋友们比以前来得勤了。主要原因是以前住在闹市区的时候，堵车、停车等因素限制了朋友们的来访。搬入新居后，各项条件都改善了，尽管路程稍远一些，但却免去了堵车、停车以及住房逼仄带来的困扰。

当然，新居也有不方便之处，比如刚搬来时，附近可选择的商业和餐饮网点较少，来了客人时，想找一个合适的饭馆要开车到几公里之外的地方。而且这些饭馆或酒馆的氛围和内外部环境，与心目中白居易笔下的感觉相距甚远。我一直在想，到哪里找一间既有情调又有氛围的酒馆呢？

2005年春节前，几个朋友相约一起出国旅行。在我过去的旅行经历中，还从未有过春节期间出国旅行的先例，但经不住朋友们苦口婆心相劝，我平生第一次在异国他乡过了一个中国的农历新年。回国后，大约是元宵节，张先生、高先生和冯小姐等一众好友借口春节没有聚会，嚷着要在元宵节聚一聚。

就在我煞费苦心想找一个合适的聚会场所之时，早一步到我家的张先生一句话提醒了我。他说刚刚开车来我家的时候，发现小区大门外不远处的地方新开了一家酒馆，看起来雅致大方，建议去那里试试。听了张先生的建议，我决定立即和他前去实地考察一下。

在出小区大门右转大约三百米的地方，果真新开了一家酒馆，仔细一瞧，招牌上写着"梦の居酒屋"几个字。起初，我以为是一家日本料理店，推门而入，发现店面不大却十分整洁。此时，已近中午时分，店里已有一些客人。

看到有客人进来，一位头发有些花白的"老者"迎上前来，微微鞠躬问候。一听他的国语发音，我立刻猜出他是一位台湾同胞。寒暄之后得知，对方果真来自台湾。他姓范，是梦の居酒屋的老板。小店大年初十刚刚开张，正在试营业期间。范先生听说我是邻居，非常高兴，听明白我要请几个朋友聚会的意思后，立即带着我俩参观了一下小店并抱歉地告知，小店没有包间，只有三个半敞开式的"榻榻米"隔间，大的隔间可以坐七八人，小的隔间能坐三四人。在参观的过程中，我发现这个居酒屋最大的特点就是客人大多都坐在柜台前的高脚凳上就餐或者喝酒。柜台后面的酒架上摆着各式各样的酒瓶，其中许多酒瓶上标注着日文和韩文，价目单上的汉字则是中文繁体字。柜台的后面是操作间，由两片蓝底素花的布帘和大厅隔开。

居酒屋虽然面积不大，但安静素雅，看起来别有一番格调。这种格调正是我喜欢的样子。考虑到还没尝过小店的手艺，我不敢贸然决定，在征求张先生的意见并得到首肯后，我又拿起电话分别与高先生和冯小姐通了电话，最后大家一致同意中午就在这里聚会并试吃。

范先生听到我们决定在店里聚餐后，喜上眉梢，将我们让进隔间后，亲自泡了两杯台湾高山乌龙茶端上来，然后将菜谱交到我们手上。

从菜谱上看，居酒屋不只经营日餐，也有颇具台湾风味的菜品，还有苏、浙菜；在酒类中，除了日本和韩国的清酒、青梅酒外，还有中国台湾和大陆地区的酒，甚至还有北京的二锅头。

在等待高先生和冯小姐的空隙，我和张先生开始点菜。范先生一手拿小本，一手拿圆珠笔在旁边记录，在问清我们用餐人数后，善意地提醒我们控制点菜量。点完菜后，在确认其他朋友到达的大约时间后，范先生就拿着点菜单走进操作间。不一会，透过蓝色的门帘，操作间里传出炒菜的声音。

高先生和冯小姐先后到来，菜也恰好上桌，我们点了日本清酒，范先生还在桌上放了一只小火炉专门为我们温酒兼煮茶。张先生一声令下，大家开始推杯换盏，大快朵颐。

小店的菜品确实可口，温过的酒也绵软香甜。大家一边聊天，一边称赞菜品。范先生在照顾其他客人的同时，不时来到我们的餐桌旁笑眯眯地看着我们用餐，还亲自给我们撤换碗碟。

这次聚餐从中午一直延续到下午三四点钟，居酒屋的客人进进出

出。据我观察，到居酒屋用餐的客人大都是一两位或两三位。

酒足饭饱后我们的话题也暂告一段落，我起身结账并当着范先生的面夸赞小店的菜品，相约下一次再来。范先生微笑着将我们送到店门口并欢迎我们再来。

从此以后，梦の居酒屋成了我们经常光顾的地方，差不多每月有一两次。慢慢地，我们和范先生也熟识起来。

范先生1960年7月13日出生在台北，祖籍浙江，在台湾属于外省人。以他的话说，生日和台湾帅哥马英九同月同日。按照范先生的出生时间，他的年龄并不大。只是因为他有些花白的头发，在我第一次看见他时，以为他是年逾六旬的老者。

范先生早年在日本东京工业大学留学，毕业之后在日本雅马哈株式会社工作多年，还曾任东南亚市场的销售主管；40岁的时候，他辞去主管之职回到台湾，到新竹一所大学任教，教授市场营销学；42岁的时候，又到北京的一所大学当客座讲师。做了几年之后，突然萌生开一家居酒屋的念头，于是就和朋友合伙开了这家居酒屋。范先生亲任经理，只招聘了一个厨师和一个服务员就开张营业了。

范先生精于厨艺，厨师和员工均由他培训，他也经常下厨。开张之初，到居酒屋喝酒用餐的客人基本上都是他的朋友或者朋友的朋友。随着居酒屋口碑的传播，周围的居民开始成为常客，有时候晚上10点之后仍然有客人到店里喝酒聊天。

和范先生熟悉之后，每逢我们聚会之时，只要提前电话告知，他就会给我们预留一个"榻榻米"隔间；每次希望吃什么菜，喝什么酒只需要提前告知，等我们到居酒屋的时候，只要等候很短的时间，热乎乎的酒菜就可以摆上餐桌。

有时候，我们会邀请范先生一起喝一杯。一般情况下，他都会微笑着拒绝。但如果是晚上，特别是晚上10点以后，店里客人稀少且大多是熟客的时候，他也会过来坐在我们旁边一块喝几杯，但一般不参与我们的讨论。通常情况下，他只是微笑着听我们聊天，在我们聊天的间隙再举起酒杯和我们一起碰杯畅饮，并不时起身去照顾其他客人；有时候，他还应熟客的要求下厨为客人烹制自己拿手的菜肴。

时间过得很快，转眼到了 2006 年的春节。在过去一年里，我们和范先生已经成为朋友。农历大年初六，我们应范先生之邀到居酒屋一起贺岁迎春。从中午到下午，又畅饮至晚上。桌上的小火炉轮流温酒和煮茶。范先生亲自下厨炒了几个菜，还频频举杯，微醺后又用闽南语唱起台湾民谣。看到范先生兴高采烈的神情，我们也深受感染，纷纷献上自己的看家歌曲，居酒屋顿时热闹起来。

范先生善饮，特别是日本清酒。从中午到晚上，他喝了 20 多壶，也只有些微醺；尽管如此，他还不时亲自下厨烹制菜肴。直到晚上八九点钟，才在我们的要求下，将饮酒改为品茶。

所品的茶是范先生亲手煮泡的台湾高山乌龙茶。在袅袅的茶香里，大家认真地品着茶，气氛变得温馨起来。

范先生首先打破了沉静："我知道你们中间有作家，有公务员，也有学者和企业界人士。你们在北京都买房子了吗？"乍一听范先生的话，我们一时不知该如何回答，不知道范先生葫芦里卖的什么药。

我们面面相觑后又把目光投向范先生。"我年前回了一趟台湾，回台湾主要是探望年迈的母亲，此外就是把我在台北两套闲置的住房卖掉。今年，我准备在北京买一两套房子。"范先生端着手中的茶杯边说话边踱着步，"我曾经是做市场营销的，在日本待过，也在美国住过一阵子，还在大学里工作过；我已在北京待了三四年，也算对北京有一些了解。以我对大陆经济发展的判断，大陆经济会在未来 10 年快速增长。经济快速增长，人口也会大量增加，房价就会上涨。你们如果手中有钱就买房，如果对买房不感兴趣就买上市房地产公司的股票吧！"范先生加重语气说道。

"你怎么知道北京的房价要涨呢？"冯小姐一脸认真地看着范先生

问道，"前两年，我在二环路边上买了一套房子，单价 1 万多元，到现在也没有涨多少！""你说的具体情况我们可以个别讨论。我先从'刚需'（刚性需求的简称）的角度谈一谈我对北京房地产市场的认识。经济学是建立在稀缺基础上的学问。拥有一套房子或者说满意的房子应该是当今每一个中国人的梦想。大陆经过近十几年的发展已经积累了相当多的财富，市民手中的钱也越来越多。但中国人和外国人不同，在中国百姓的生活辞典中，历来都是衣食住行；在温饱问题解决之后，就一定会先考虑'住'的问题，这就是刚需。在经济学中，有两个重要的经济学名词就是'需求'和'供给'；需求大于供给就会涨价，反之，需求小于供给就会跌价。现在的情况是需求远远大于供给。尽管在调控下，价格没有飞速上涨，但政府出让土地的行为从未停止，银行对房地产行业的信贷也没有停止。通常情况下，房地产项目的周期大约在三至六年，根据这个时间计算，房价在 2006 年至 2009 年就会进入上涨期。"范先生一口气说下去，又把目光转向我，"肖先生，知道你是作家，但你也是经济学者，你一定同意我的观点！"

范先生说话的时候，我和大家一边品茶一边认真聆听，突然听到问我，我便将茶杯放在柜台上，回应道："我同意你的观点！今天中国的许多城市，特别是一些中心城市，包括今天的北京，商品住房都处于刚需中，政策性限制只能限制一段时间和一部分人，但改变不了日益增长的刚需。大家都知道，几乎所有商业银行的巨量贷款都在房地产上！"

范先生听了我的话，把茶杯放在柜台上，随手从口袋里掏出一叠美元和一叠人民币，摇晃着钞票说："商品住房价格要涨，还不只是供需的问题，还有一个货币超发的问题。当然，对于一个快速发展的经济体来说，超发货币是正常现象，美国一直都在超发货币。实际上'布雷顿森林体系'早在 1971 年就已经崩塌，美元和人民币一样都是纸币，但中国人喜欢称美元为'美金'。哪里有金呀，就是纸嘛！"范先生把钱放回口袋里，继续说道，"美国以自己的政治、军事和金融实力作后盾，大量超发美元，同时又大举发行国债，为它买单的不仅有日本，还有中国大陆和台湾。货币超发势必引起通胀。在温和通胀面前，民众可以通过理财等方式来实现口袋里的钱保值，但在高通胀面前，只有房屋、大宗矿产品等可以实现保值和增值。大宗矿产品离普通民众的生活较远，最多可以在期货交易中买卖少量的黄金。对于普通百姓来说，可能最现实的保值方法就是购房，特别是在北京目前房价处于中低水平之时。对于北京这个国际都市来说，奥运会前后，人口可能会进一步增加，对房屋的刚需会更大。到那个时候，四环以内的房子将成为稀缺资源。特别是一些公共交通较方便、周边商业设施较齐全、房屋质量以及物业管理较好的项目将会一房难求！"范先生一口气将自己对北京房价的认知和盘托出。

我们每个人都认真地听着。范先生似乎对关于北京未来房地产市场的判断意犹未尽，又和我们谈了其他一些观点。他认为，在未来10~15年时间，在中国，特别是经济成长较快的城市和地区出现通缩的可能性很小。其理由是，中国市场巨大，人口众多，东西部发展也很不平衡，即使出现通缩的某些表象，也可以通过一些经济和行政手段加以控制和解决。

范先生高谈阔论的神情，让我差一点忘了他居酒屋老板的身份，完全是在课堂上给学生们讲课的样子。平心而论，我同意范先生的观点。理由是，首先，他长时间在经济发达国家和地区工作和生活，对这些地方的经济发展过程有亲身体验；其次，经济学有其内在的发展规律，在市场经济地位已逐步确立的中国大陆，城市发展也必将遵循这一法则。尽管政府可以通过行政手段进行必要的调整，但总体改变不了市场经济发展的客观规律。

范先生一番高论后似乎有些口渴，匆忙将话题收尾，端起柜台上的茶杯大口啜饮起来。我们则对范先生的高论报以热烈的掌声。

在接下来的时间里，大家似乎不约而同地陷入了沉默，只能听到吸

吮茶水的声音。

最后，还是张先生打破了沉默。他首先感谢范先生春节期间的盛情邀请，不仅让大家品尝了美味佳肴，同时，还上了一堂生动的市场经济课。他建议，在以后的聚会中，除了谈论文学话题外，也聊一些经济等方面的话题，并且请范先生在有空的时候也一起参与讨论。张先生话音刚落，高先生和冯小姐立即表示赞同，范先生也高兴地应承下来。

窗外传来"噼里啪啦"的鞭炮声，节日的氛围重新将我们拉回到现实之中。看到时钟的指针即将指向夜里十一点钟，我们赶忙向范先生告辞。范先生微醺的脸上始终洋溢着微笑，将我们送出大门并挥手告别。

我和朋友们一道走出门，清冷的风顿时扑面而来，头脑瞬间清醒了许多。我围上围巾扣紧大衣的扣子，大步向家的方向走去。快到小区大门口的时候，我回头向居酒屋望去，居酒屋门口的霓虹灯依然闪亮着。

这个晚上突然谈起的经济学话题也让我有了一个新的思考：人文科学和社会科学有其共性，也是相通的。经济学不只属于经济学家和它的研究者，它还应该成为普通民众打开幸福之门的钥匙；而文学也不应该只成为一部分人的专利，文学有责任和能力让经济学的知识以更适合阅读的方式进入千家万户，让普通的民众也能够读懂和应用。如果真能如此，那么，人们的精神生活和物质生活都将是幸福和富足的。

梦の居酒屋从此成为我们聚会的沙龙，沙龙的话题也开始出现文学、经济学和社会等多个领域的内容。

居酒屋的生意越来越好。随着时间的推移，我们和范先生的友谊也日渐加深。一次聚会时，张先生无意中诵读起白居易的《问刘十九》。在张先生抑扬顿挫的诵读声中，我体会到了欢快、热烈的气氛以及温暖的友情。"梦の居酒屋"不就是我们寻寻觅觅的白居易笔下的酒屋吗？但让我没有想到的是，这个小小的居酒屋竟会在未来的日子里陪伴大家走过十几个春秋，直至今天。

二、从"豆你玩"到"猪钱进"

和范先生成了朋友之后，居酒屋成了朋友们经常聚会的沙龙。自从范先生和我们谈了北京房价以及刚需前景之后，在后来的几乎每一次聚会中，我们都会谈到经济生活中的一些热点话题。

生活在京津地区的人们都喜欢相声名家马三立的段子，特别是《逗你玩》让人百听不厌。几年前，新的"逗你玩"开始流行，只不过这一次不是《逗你玩》的"逗"，而是绿豆的"豆"。起因是，绿豆价格在短时间内迅速上涨，似乎也没有什么理由。在大家的抱怨声中，"豆你玩"退场，又开始出现"姜你军"，起因是"生姜"价格突然间大幅上涨，上涨幅度让百姓目瞪口呆。在后来的日子里，又相继出现了"蒜你狠"和"向钱葱"等，这些农副产品价格的大幅波动让人们眼花缭乱。

2020年春节后，猪肉价格开始不断上涨。向来不关心柴米油盐的我，在餐桌上听到了家人对猪肉价格大幅上涨的抱怨。我听后笑着安慰道："前几年不是已经'豆你玩''姜你军''蒜你狠'和'向前葱'了吗？现在也该轮到'猪钱进'啦！"

在我笑谈猪肉涨价之时，张先生推门进来，听到我的话道："我老伴最近也在抱怨猪肉价格上涨。今天早上，她从菜市场回来还抱怨猪肉价格又涨了许多。我安慰她说，猪肉价格涨得再快能比房价快？我这么一说，她就不吭声了。不过，我今天过来还真的想向你咨询，钞票是不是还要'毛'下去？"

我从张先生的话中，特别是话中的"还"字让我感觉到张先生一定

有事要说，就请张先生到书房中坐下，又给他沏了一杯茶。张先生捧着水杯轻轻吹了吹浮在上面的茶叶，吸吮了一口茶水，问："猪肉价格上涨会不会带动其他商品（包括房价）一起涨呢？"

"你是不是口袋里又有闲钱了，想买房子保值增值？"

"有这样的想法和打算。"

"你觉得，现在买房的内外部环境和十几年前你购房时一样吗？"

张先生可能没有想到我会问他这个问题，一时不知道该如何回答，沉思着端起水杯，一边喝着茶水，一边陷入了沉思。

看到沉思中的张先生，我的思绪穿越到了 10 多年前，想起了我和张先生第一次谈房价的情景。也正是从这一次开始，改变了张先生，也改变了其他几位朋友。

那是 2004 年 12 月的一个周末上午，我起床洗漱完毕后正在餐厅吃早餐，忽然看见张先生从门外进来。当时，我正筹备结集出版我的第二本诗集，一周之前将书稿送给张先生，请他给我把把关。看见张先生进门，我赶紧将张先生让进书房，又给他沏了一杯黄山毛尖。他甫一落座，立即从手提包里拿出两页稿纸，对着稿纸开始将他对书稿的进一步修改意见娓娓道出。

张先生是我敬重的师友，对他的修改意见，我自然是虚心接受，洗耳恭听。评点终于告一段落，我也因此长出一口气。我帮他将外套脱下，请他品尝黄山毛尖。张先生一边非常享受地品着茶水，一边无意识地伸进口袋，似乎是想掏香烟，但却掏出来一个酱红色封面的银行储蓄存折。

看到无意中掏出的存折，张先生立即从椅子上站起来，抖动着手中的存折略显激动地对我说道："这口袋里的钱怎么就'毛'了呢？"我拿过存折看了一下，是一张定期存折，里面有 300 万元人民币。我猜得出，这是张先生夫妇俩一辈子的积蓄。早就听张先生说，儿子已经 30 岁了，他打算买一套大点的新居，改善一下居住和写作环境，把现有的住房留给儿子结婚用。

听了张先生的话，我忙问究竟。原来，张先生在这一年9月看上了一套200平米的商品房，1.1万元/平米，当时嫌贵，想等等再说。当时没买的另一个原因就是老伴存的是定期，为了不损失利息，就将买房计划推迟了几个月。前几天，老伴告诉他存款到期，又问是否续存。张先生一心想改善住房条件，就打算到当初看房的售楼处订一套房子。没想到，只几个月时间，同样户型房子的单价已经涨到1.5万元/平米。张先生气不过，就和售房小姐争执了几句，一气之下扭头走了。今天来我家时，竟然忘了把存折存放在家里。

张先生知道我是学经济的，也从事经济工作多年。但他骨子里还是有一种文人的清高，在平常和朋友们聊天时，很少谈文学以外的话题，从这次的失态也可窥见他郁闷的心情。

我请张先生重新坐下，并给他的水杯中续了些热水，沉吟了一下，看着他说："你所说的钱'毛'了，就是流通中的货币超发了，出现了'通货膨胀'！"

"通货膨胀？就是我们当年学'科学社会主义'时提到的通货膨胀？"张先生看着我问道。

"对，就是马克思提到的通货膨胀，简称'通胀'。不过，马克思认为通胀是资本主义的产物。实际上，实行市场经济的国家和地区都会出现通胀。严重通胀会导致物价大幅上涨，货币大幅贬值。不过，你提到房价问题，牵扯的因素很多，不仅仅是货币超发问题，货币超发只是诱发通胀的因素之一。"

张先生似乎听懂了我的话，他把存折重新放回口袋里，端起茶杯慢慢地呷了一口。

"今天能和我谈谈什么是经济学吗？简单一点，我听不懂太深奥的道理。"张先生诚恳地对我说。

"当然可以。我也不是专家，但我愿意和您一起学习和讨论。"我笑着对张先生说。

经济学并不是只为经济学家创立的，也不是只给学习经济学的学生设立的。它是为每一个社会人创立的（注意：我在这里用了"社会人"这个名词）。只要是社会人，就会和经济学打交道。实际上，我们每一天都与经济学密不可分。例如，柴米油盐酱醋茶，当然，也包括房价。

提到经济学，就要知晓经济这个名词的来源。经济一词来源于希腊语，意思是"管理一个家庭的人"。如果把家庭看作社会的基本细胞的话，"管理一个家庭的人"是要为这个家庭考虑许多事情的。简单地说，就是为每一个家庭成员配置稀缺资源。请注意，我在这里用了"稀缺"两个字。经济学之所以成为一门科学，其前提建立在资源稀缺的基础上，没有稀缺的前提就不需要经济学。经济学就是研究社会如何管理自己的稀缺资源。

经济的英文是"economy"。当近代西方经济学被引入中国时，熟悉中国古代经济历史的第一代翻译家把它译为"轻重学"（源于中国古代经济学中有关货币金融理论——轻重理论）；后来受西方中心论影响的留学生们为了拔高西方经济学，根据中国的"经世济民"之说，将西方轻重学说译为经济学。我们今天学习的经济学知识主要来源于"西方经济学"，这也是今天经济学的由来。

说到"经世济民"一词时，我注意到饱读诗书的张先生眼睛亮了一下，我相信他理解了经济这个词的含义。

至于你提到的为什么口袋里的钱"毛"了的问题，就要从通胀谈起。通胀并不表示某一种商品的涨跌。它是指一个国家或地区纸币发行量超过流通中所需要的数量，从而引起纸币贬值，导致物价上涨的经济现象。换句话说，就是钞票印多了，印钞的速度超过了同期经济增长的速度，从而导致老百姓所说的票子"毛"了。提到通胀就要知道"通货膨胀率"。通货膨胀率是反映某一阶段（可以是一个月、三个月、半年或者一年）通胀的一个重要指标。简单地说，就是货币超发部分与实际需要的货币量之比，得出的数字就是通货膨胀率。但有一点需要说明，所谓的实际需要的货币量并没有一个统一的标准，这个货币量是一个相对较复杂的分析和计算过程，影响它的外部因素很多。但超发部分的数字相对比较容易掌握。

央行（即中国人民银行）会定期发布一些数据（通常按月、季度或年）。尽管有人对一些数据存疑，但作为普通民众仍可拿来作参考。其中一组数据可以用以分析通胀。你可能注意到，在央行公布的数据中，经常出现 M1、M2、M0 这样的字母和数字组成的符号。M0 代表的是流通中现金，也就是银行体系外流通的现金；M1 代表狭义货币供应量。它由 M0+ 企事业单位活期存款组成；M2 代表广义货币供应量，由 M0+企事业单位定期存款 + 居民储蓄存款构成。在这几个符号中，M0 主要与消费变动相关，反映消费活跃程度，是最活跃的货币；M1 反映居民和企业资金松紧变化，是反映经济周期波动的一个重要指标；M2 反映的是社会总需求的变化和未来通胀的压力状况。

通常所说的货币供应量的多少变化主要看 M2。这些数字尽管看起来简单，但对于一个普通民众来说，真正能够读懂弄通，仍然不容易。我个人觉得，主要对比 M2 在一年或几年内的增减情况并和国家统计局公布的 GDP 总量进行一个比较，就可以大致知道货币发行情况。例如，中国 2003 年 GDP 总值为 116694 亿元人民币，但 M2 为 221222.8 亿元人民币。M2 的数值比当年 GDP 数值多出 10 万多亿元。只要粗略估算一下，通胀率就比较大，这就是老百姓觉得钱"毛"了的原因。从理论上说，只有银行年存款利率比通胀率高才能表明手中的钱没有贬值，否则，即使钱存在银行里也是在不断贬值。

不过，通胀率有时也不能反映某个城市或地区的真实情况，数据也只可参考。通胀尽管反映的是宏观经济的情况，但见微知著，在日常生活中，可以从菜价（猪肉、鸡蛋等）以及房价的变化觉察到通胀或通缩的变化。

知道了通胀，还应该了解在电视新闻中经常看到的 GDP。GDP 是

英文 Gross Domestic Product 的缩写，意思是国内生产总值。GDP 不是国家财富的代名词，也不是国家的收入。它是指按国家市场价格计算的一个国家（或地区）所有常驻单位在一定时期内（通常按年、季度、月统计）生产活动的最终成果。它是被用来衡量国家经济状况的最佳指标，可以反映一个国家（或地区）的经济实力和市场规模。

这里最为关键的词就是最终成果，也就是说，不是所有的生产活动都能被当作最终成果列入 GDP 中。比如，小麦被磨成面粉，最后被做成馒头出售，只有馒头可以作为最终产品被计入 GDP，小麦和面粉都不能被计入，否则就会重复计算；而消费品和一些机器设备在最终消费品市场上用于销售就可以被计入 GDP。GDP 的值是最终产品的价值，也是服务的价值。GDP 不是实实在在流通的财富，它只是用标准的货币（比如人民币、美元等）的平均值来表示财富数量的多少。因为生产出来的东西只有转化成流通中的财富才能成为财富。

知道了 GDP，还要知道 GNP，意思是国民生产总值。它指的是某一国家国民拥有的全部生产要素在一定时期内（通常是年、季度、月）所生产的最终产品的市场价值。例如，一个中国公民到日本工作创造的财富计入中国的 GNP，而不是计入日本的 GNP。我在外经贸系统工作时就知道，我国每年向国外输出的大批工人以及工程技术人员，他们在国外所创造的财富计入中国的 GNP。不过，由于种种复杂原因，GNP 在统计上比较难以掌握，现在国际上通常都采用 GDP，所以，知道 GDP 就足够了。以 2004 年为例，每个中国人平均创造了一万元的 GDP。随着国家经济的发展和市场的活跃，这个数字还会不断增加，而人均 GDP 的数值也会不断提高。

冬日的阳光像一炉只剩下灰烬的炭火，给人的感觉似乎可有可无，甚至，电水壶中冒出的丝丝热气都要比阳光更温暖一些。

已近午饭时间，我请张先生到餐厅用餐。就在饭菜上齐准备开饭之际，我笑着指着桌上的饭菜说：“这些也和经济有关。和这些有关的经济学名词叫 CPI（居民消费价格指数）。CPI 反映的是与居民生活有关的消费品和服务价格水平的变动情况。这个变动情况每个月由国家统计局公布一次。该指标如果出现大的变化会影响国家的宏观经济政策。这个指标持续走高，或许是通胀趋向严重的最重要信号；但如果持续走低（或持续负数），则是通货紧缩的最重要信号。现在吃饭，下午再说什么是通货紧缩。"我急忙招呼张先生拿起筷子。

饭后，看完央视的《午间新闻》，我们又将聊天场所移回书房。回到书房后，张先生并没有马上落座，而是一面背着手在书房中慢慢地踱步，一面随意地打量着书房墙壁上悬挂的书画作品。在书房一侧的墙壁上，有一幅张先生几年前写给我的书法条幅，内容抄录的是南通狼山寺中一副对联："长啸一声山鸣谷应，举头四顾海阔天空。"张先生的书法在中国作家中早有盛名。他走到条幅前仔细看了一眼之后扭头对我说："这个字有处败笔，等我有空再给你重写一幅。"我忙请他坐下，再给他的杯中续满开水，将中午的话题重又展开。

"简单来说，CPI 主要反映与居民生活相关的产品和劳务价格统计出来的物价变动指标，通常作为观察通胀水平的重要指标。"我继续解释，"举个例子，如果在过去 12 个月，CPI 上升 3%。生活成本提高，口袋里的钱自然就会贬值。换句话说，你一年前用 100 元人民币买的商品，如今要 103 元人民币才能买到。如果你当时将钱买了一只基金，基金回报 105 元，那么，你买基金的 100 元钱就算增值了；如果收益低于 103元就是贬值了（如果投资受损是另外一个概念）。"

反映价格指数变化的主要有三种价格指数。除了 CPI 外，还有 PPI（生产者价格指数）和 GNP 缩减指数。

三种价格指数的对象有所不同。CPI 主要反映消费者物价指数变动情况，这涉及每一个城乡居民；而 PPI 选取的商品主要是生产资源，简单地说，是工厂中的原料价格变动情况；而 GNP 缩减指数是一个综合指标数，它综合 CPI 和 PPI 的相关内容；对于城乡居民个人来说，关注

CPI 变化就已经足够；如果是企业主或使用生产原料的企业和个人还应该关注 PPI 这个数字的变化。

但 PPI 是一个先行指标，通常领先于当下经济表现 3~6 个月，从它的变化可以预测未来的经济状况；而 CPI 则是一个同步经济指标，表示的是目前商品价格变化情况。

知道了通胀，我们再来谈谈"通货紧缩"。通货紧缩又称"通缩"，是相对于通胀而言的。它反映的是市场上流通的货币量少于商品流通中所需要的货币量从而引起货币升值、物价普遍下跌的情况。通缩和通胀一样没有一个统一的认识和标准。但一般来说，发生通缩有三种表现：一是物价普遍下降；二是货币供应量连续减少；三是有效需求不足，经济全面衰退。从一般城乡居民的角度来看，似乎价格下降是件好事，其实并非如此。通缩和通胀一样，过分的通胀和通缩对经济和社会发展都不利。特别是长期的通缩会抑制投资和生产，导致失业率升高及经济衰退。我个人的看法和意见是：避免高通缩而保持温和的通胀对经济和社会生活是有利的。至于什么是温和的通胀，可能也没有一个统一的标准。如果 CPI 和通胀率保持在 2%~3.5%，是能够接受的，对经济和社会发展是有益的。

除了通胀和通缩，还有一个名词叫"滞胀"，简单地表述就是"停滞和通胀"。指的是经济停滞和通货膨胀并存的一种现象。这种情况较少发生，我们以后再谈。

在和张先生交谈后，我感觉到他的情绪渐渐平复，于是建议一起到不远处的湖边走一走。尽管已是冬日，但屋外并不太冷，湖面只结了薄薄的一层冰。湖边的芦苇已经枯黄，冰缝中露出参差不齐的残荷的茎叶，几只白鸭蜷伏在湖边的芦苇丛里一动不动，还有几只不知疲倦和寒冷的麻雀在干枯的芦苇丛中上下跳跃着，似乎在向人们宣示它们的存在。

太阳无力地把光线洒在大地上，湖边的小路上没有其他行人，周围静悄悄的，只剩下那些干枯枝杈的垂柳在冬日中享受着宁静。

　　张先生默默地走着，似乎忘记了身边的我。在小路的尽头有一座小亭，亭中空荡荡的。我们走进小亭，在亭中的长椅上坐下。张先生在衣服口袋中摸索了一下，掏出一支香烟，可是摸索了半天也没有找到打火机，只好将香烟重新放回烟盒。张先生站起身来，望着亭外的湖面兀自出神，似乎忘记了时间的流逝。过了一会，他缓缓地转过身来，带着一种问询的口吻道："懂一点经济学果真能让人生幸福吗？"看着他认真的表情，我以肯定的点头回答他。

　　忽然，有声音从湖面上传来，循声望去，一只落单的大雁从湖面上悠然飞起，向着高远的天空飞去，只是眨眼的工夫，已不见它的踪影……

　　至今，我依然记得和张先生10多年前的这次谈话，也记得2010年以后，农产品价格轮番上涨，"豆你玩""姜你军""向钱葱""蒜你狠"接踵而至的场景。2004年那一次谈话，在和张先生仔细分析市场和各种政策后，我鼓励张先生贷款买了第二套房。事实证明，当时买房的决策是正确的。但到了2020年，我从内心对购房投资持反对意见。当张先生问反对的理由时，我并没有立即回答他。在张先生告辞回到家后，我才给他发了一条微信，微信的内容就是：房子是用来住的，不是用来炒的。

三、试水商海悟商道

那一年，和张先生谈完之后，在我的鼓励和怂恿下，张先生接受了经济学中稀缺的概念，更接受了新兴经济体和经济发展较快的国家或经济体发生通胀是常态的事实。在我的参谋下，2004 年底，张先生终于把存折上的数字变成了北京东三环的一处房产。尽管存折上的数字只够首付，还按揭了银行贷款，但仅仅半年之后，张先生就为这次抉择而信心大增，几次聚会都主动申请买单。询问之后才知道，张先生购买的楼盘早已销售一空，已经有几个买家欲加价 200 万元人民币购买他订下的房子，但张先生以自己的经济眼光认为这处房产还会增值，仍然在信心满满地持屋待卖中。

真的应了榜样的力量是无穷的那句话。张先生贷款买房后产生的激励效应迅速传导给其他几个朋友。以冯小姐的话就是八仙过海，各显神通。我听后笑着纠正冯小姐："应该改为四仙过海，只是你比画中的何仙姑漂亮多了！"

我在其中扮演顾问的角色。为了当好顾问，我和几个朋友不仅准备了厚厚的文案，还进行了较充分的市场调研。

高先生是步张先生之后第二个试水商海的朋友。高先生成功地为他弟弟的便民超市进行了一次营销。为了这次营销，高先生曾经多次和他弟弟一起到我的书房中聊天，只不过聊天的内容不是文学，而是商品营销。

高先生的弟弟在北京开了一家便民连锁超市，有 10 多家连锁门店。

我们商量了一下，决定选择"纯净水"和"馒头"作为试点。

在当今城市居民家中，很多人都在喝桶装饮用水，但当时市场上几乎所有品牌的桶装水都是 18~20 升的大桶。这种桶装水价格一般都在18~22 元/桶，如果买得多可以享受优惠，订购达到一定标准还送饮水机。但市场却忽视了这样两个问题：首先是桶太大，装满水之后太重，年龄稍大些的人很难搬得动；其次是如今的城市家庭人口少，大桶的水短时间无法饮用完，时间长了水质就会变差，饮用水专家曾就这个问题发出过警告。经过市场调研，我们决定推出定制小桶水，并且重新定价。我建议将小桶水分为三种规格：4.83 升、9.75 升和 15.68 升。在定下这三种规格之前，也考虑到了物流成本和定制小水桶成本增加的问题。分别将 4.83 升/桶的水定制成"崂山"矿泉水，将 9.75 升/桶的水定制成"农夫山泉"矿泉水，将 15.68 升/桶的水定制成"娃哈哈"矿泉水。如此定价，目的是实行差异化销售，以便让顾客觉得物有所值。

对于将桶的容积定制成 4.83 升、9.75 升和 15.68 升带来的疑问，我只问了他们一个问题：如果 5 升/桶的矿泉水卖 6 元/桶，你觉得4.83 升/桶的矿泉水应该定价多少？如果将其定价为 5.9 元/桶和原有 5升/桶的相比是亏还是赚？你们在商场里遇到过手拿计算器去买生活用品的顾客吗？更何况，我们是特别定制的桶装水，没有可比性。事实证明，采取这种销售方式后销量大增。

因为有了这个成功的案例，高先生也开始交出一份卖馒头的"答卷"。

以前在高先生弟弟的超市中，250 克/个的馒头卖 1.5 元，顾客也已经习惯买这种馒头。经过策划，超市开始推出 300 克/个的大馒头，看起来明显比 250 克的馒头大，定价 1.85 元/个，仍然有许多人买，但比买 250 克馒头的人明显要少；又过了一段时间，超市停售 300 克/个的馒头，推出 200 克/个的馒头，定价 1.3 元/个，买者踊跃，连买250 克/个馒头的客人也少了许多。再过一段时间之后，超市停售 250克/个的馒头，只保留 200 克/个的馒头，售出的数量比以前多出很多。

刚开始施行这种销售策略之时，包括高先生在内都不敢相信这是真的。我告诉他们，这同样属于经济学范畴。这里面除了涉及营销学，还涉及营销心理学。

张先生和高先生两个人试水成功的案例成为大家茶余饭后的谈资。但冯小姐却迟迟没有什么动作，甚至有一段时间还有些郁郁寡欢，似乎有些心事。

一天晚饭后，冯小姐的突然到访让我吃了一惊。因为一直以来，几个朋友一般都选择在周末的白天来访。我意识到冯小姐一定有比较重要的事情要谈，就急忙将她让进书房。在我的催问下，冯小姐才道出实情，并且一再要我保证替她保密。原来，她闺蜜的先生疑似出轨一名工作不久的女大学生。刚发现此事时，她闺蜜一怒之下就要和先生离婚。冷静之后，她闺蜜并没有着急摊牌，而是运用了"经济学十大原理"中的第一个原理：权衡和取舍。考虑到两人感情一直较好，又考虑到先生在机关里职位不高，收入也不多，住的房子以及日常生活开销基本上都由她闺蜜负责，先生除了人长得帅，其他方面并不突出，出轨一定另有隐情。她闺蜜很迷茫，不知道怎么办。我建议她闺蜜和先生谈一次，最好谈一谈离婚的机会成本。冯小姐似乎听懂了我的话，就马上转告给她闺蜜该如何处理。不久，她闺蜜就和她的先生进行了一次长谈，长谈中运用了机会成本概念。她闺蜜直截了当地告诉先生，如果双方离婚，对方将净身出户。她闺蜜的先生此时也冷静下来，答应和女大学生谈一谈。谈完没几天，这个自恃年轻貌美的女大学生就在她闺蜜的生活中悄然消失了。

解决后，冯小姐问我，她闺蜜这么处理对否。我答道，当然对。我又举例道，你仔细观察一下国内外那些富豪大亨以及电影明星有几个人会轻易离婚。他们受到的外部诱惑比你闺蜜的先生多得多，为什么他们不轻易离婚，主要原因就是机会成本太高。虽然现在有些富翁、明星采取婚前公证的方式避险，但机会成本依然很高。这就是富人群体离婚率低的主要原因，其实完全符合经济学原理。

这件事之后，冯小姐又恢复了往日活泼的性情。并且在接下来的日子，小试牛刀，获得不俗的成绩。

冯小姐亲自包装发行了一本儿童早期教育的书。据她自己所说，定价40元/本，卖出去1万本就可以实现盈亏平衡。冯小姐在第一个月就卖出去5000本，紧接着就实现了盈利，还赢得了声名。某网站找到冯小姐，希望以每本10元的价格订购3万本。冯小姐运用经济学知识算了一笔账，书的成本只有5元，而且这个网站自行承担物流费用，即使只能赚5元，但这笔3万本订货量的生意足可以让她赚十几万元。冯小姐因此小赚了一笔。

赚了钱的冯小姐高兴地请我们大吃了一顿。在饭桌上，冯小姐一边敬酒一边问我，这本书的边际收益减去边际成本得出的边际量还不错吧。我们一边喝酒，一边趁着酒兴大声道："不错，确实不错！"

趁着酒兴，我也给大家举了几个案例，权当下酒菜。话说和珅虽然是一个大贪官，但他的脑袋瓜却相当灵光。据说，某一年某地遇到饥荒，朝廷下令办粥厂赈济灾民。和珅去视察粥厂时，看了一眼等待施粥的队伍后，随手抓起一把土撒进煮粥的大锅里。随从们不解，和珅解释说，真正的灾民大都一天没有吃东西了，是不会在乎粥里有点沙子和土的，而那些挤在灾民中想趁机占便宜的人看到之后就会溜之大吉。这样，那些等待施粥救命的人就多了生存的机会。这个案例乍看起来似乎与经济学原理有矛盾和不通人情，但类似的案例总在生活中出现。

我停顿了一下，接着继续说道，我再举一个案例：曾有人建议取消政府廉租房里的独立厕所，改为公用厕所，遭到社会舆论的一片声讨。说实话，我是赞同这个建议的。之所以赞同，是因为真正住廉租房的人不会介意有没有独立厕所，而对住房不那么迫切的人就会重新考虑权衡。这个办法可以防止有些人并不急需住房，却想来挤占公众资源，以权谋私，甚至转租牟利，让国家给弱势群体的福利成为一些人谋私的手段。

我停顿了一下，我再举一个例子。在座的各位都有过无偿献血的经历，也许手上还有一张"无偿献血荣誉证"。在中国，由于用血量很大，政府经常倡导无偿献血。有人曾经建议给献血者提供一点现金奖励。但后来发现，在给献血者提供现金奖励后献血者反而大为减少了。为什么呢？这是因为无偿献血的人把献血当作是一种崇高的行为，而不是为了现金奖励。大多数人不会因为有现金奖励而去献血。相反，在一些城市，由于血源紧张，医院要定期购买血浆，就出现了一批卖血"专业户"，甚至出现了"血把头"，还出现了造假的现象，也因此发生过严重的医疗事故。由此可见，奖励措施在某些情况下可能会得到相反的结果。越有价值的事情越容易诱发欺骗的动机，有时候无偿捐献反而更为有效。

我举这几个案例的目的并非证明"经济学十大原理"是错误和行不通的，而是要表达这样一个观点：从表面上看符合经济学原理，似乎对社会和个人有益处，但却忽视了经济学原理之外的复杂因素。正是这些因素的存在导致经济学原理失灵，就如同市场失灵一样。

商海试水后，朋友们的自信心更强了，对于经济学也有了进一步的认识。以冯小姐的话说，经济学确实是一门让人生幸福的艺术。十几年后的今天，当大家回忆起当初的所作所为时，仍会兴奋不已。

四、吃面中的经济学

春节来了，而每一年除夕的"年夜饭"——春节联欢晚会也会如约登场。喜欢看小品的人们一定不会忘记喜剧明星陈佩斯的小品，其中《吃面条》就是众多小品中的经典之作。

2024 年春节期间，我们几个朋友应邀到冯小姐家聚会时，再一次从电视屏幕上欣赏了 40 年前春晚陈佩斯的小品《吃面条》。看到"吃面"的陈小二落荒而逃的样子，大家又一次哈哈大笑起来。

冯小姐笑完之后一本正经地问大家："你说现实生活中有这种人吗？"

"没有吧，艺术源于生活而高于生活。小品总是以夸张的手法来讥讽现实生活中存在的某些现象！"高先生像老师给学生讲课一样阐述了自己的观点。

"小品《吃面条》让我想起了一个经济学术语——边际效应，与陈小二'吃面'异曲同工。类似'吃面'的结果不仅广泛存在于现实生活和工作中，还成为一道魔咒。"我接过话题后，看了大家一眼又道，"可以试想一下，偷吃第一碗面对于饥肠辘辘的'陈小二'来说无疑是美味，第二碗是满足，第三碗已达极限，第四碗是折磨，第五碗——只能落荒而逃。实际上，从第三碗开始，面条对于'陈小二'已经变为伤害。"

我已经记不清看过多少遍小品《吃面条》，但每一次重温仍然会笑不可支——这可能就是经典的魅力。我相信许多观众和我有同样的感受。

小品让观众忍俊不禁。或许，许多观众在笑完之后不会有太多其他方面的联想。实际上，这个小品在笑声中讲述了一个经济学法则——边际效用。

在学习经济学的时候，知晓了所谓"边际"（可以理解为"边缘"），也知道了边际效益和边际成本，以及边际效益和边际成本之差就是边际量。而本文提到的"边际效用"在实际生活和工作中也是经常遇到的。

如果仅仅进行名词解释的话，边际效用是指在一定时间内，在其他商品的消费数量保持不变的前提下，消费者从某种物品连续增加的每一消费单位中所得到的效用增量（即边际效用）是递减的。

在小品《吃面条》中，陈小二吃面的过程就是边际效用递减的过程。

再举个例子：某个农民独自一人种 100 亩地时，每天起早贪黑，一年收的小麦大约为 4 万斤，卖掉小麦可收入 6 万元人民币；后来他雇了一名帮工，每个月付 1000 元工资。帮工来了之后，使一年的小麦收成提高到 6 万斤，卖掉小麦后可收入 9 万元，农民扣除帮工的工资后可得 7.8 万元；农民第二年又雇了一名帮工，工资每月仍然是 1000 元。这一年的小麦收成是 7 万斤，卖掉小麦后收入 10.5 万元，除去两名帮工的工资后，农民可得 8.1 万元；农民第三年接着又雇了第三名帮工，当年小麦收成为 7.5 万斤，卖掉小麦后收入 11.25 万元，除去三名帮工的工资，农民得 7.65 万元；农民在接下来的三年里，每年都增加一名帮工，工资分别都是每月 1000 元，小麦的产量分别为 8 万斤、8.2 万斤和 8.5 万斤，总收入分别是 12 万元、12.3 万元和 12.75 万元。扣除工资后，农民分别获得 7.2 万元、6.3 万元和 5.55 万元。尽管在这个例子中列出的数字不一定准确，但却点出了这样一个事实，就是随着人员的增加，所获收益到达一个峰值后，继续增加人力，收益不升反而下降，到最后还抵不上农民一个人劳动所取得的收入。

在人们通常的思维中，"投入—产出"模式是天经地义的，正所谓"一分耕耘，一分收获"。但是，边际效用递减打破了这一传统思维；也就是说，当达到某一边际（边缘）时，"投入—产出"的模式就会失灵。

除了农业、农村之外，在旅游、科技、教育等诸多领域也都无法躲避边际效应递减的魔咒。从某种程度上说，并不是投入越多越好，当达到一定程度时，投入、产出效果就会发生逆转，出现递减的趋势。

再举一个旅游的例子：某江南古镇，以前由于交通不便缺乏知名度，每年到古镇旅游的游客非常少。随着国内旅游热的兴起，某企业从中看到了商机，希望把古镇打造成旅游目的地，就和当地政府签订了门票分成的协议。双方约定，由该企业负责把路修好，然后该企业从旅游门票中获得一定比例的收益。该企业初期投入 1000 万元修建了一条二级公路。公路修通之后，游客果真多了起来，旅游门票收入也增加了许多。后来，随着游客的不断增加，二级公路已经不能满足需要，该企业又投入 2000 万元将公路等级提高到一级。公路等级提高后，大大方便了游客，旅游人数不断上升。该企业看到这种情况，又投入 3000 万元将一级公路原四车道加宽至六车道。公路加宽工程完毕后，却没有出现客流量的大幅增长，投资效益反而减少了。

就在该企业迷惑不解的时候，这个古镇也出现了类似的情况。二级公路刚开通时，古镇上一下子涌来了大批游客，致使原本小镇上唯一一间招待所的价格达到了四星级宾馆的水平。有投资者看到了商机，就率先在古镇建起了一家三星级宾馆，开业之后，获利颇丰；后来，又有投资者建了两家四星级宾馆。四星级宾馆开张营业后，整个古镇宾馆收入开始走下坡路。与此有相同命运的还有餐饮、零售等行业。

为什么会出现这种情况呢？回答只有六个字：边际效用递减。

边际效用也被称作边际贡献。边际效用是现代经济学发现的一个重要规律。边际效用递减规律可以从两个角度来认识和解释：一是从人的生理和心理的角度进行解释，认为效用（即满足程度）是人神经的兴奋，外部给一个刺激（例如，消费某种物品带来的刺激），人的神经兴奋就有满足感（产生效用）。随着这种刺激的反复进行（例如，消费某种物品数量的增加），兴奋程度就会下降（边际效用递减）；二是从物品的多用途角度来解释。认为消费者总是将第一单位的物品用在最重要的用途上，第二单位的物品用在次重要的用途上，如此下去，物品的边际效用就随着其用途重要性的递减而递减。

曾经在学界有个关于水和钻石的价值悖论。钻石对于生命来说并不重要，而水对生命来说至关重要，三天不吃饭可以，不喝水可能会面临死亡。从这个角度来说，水比钻石重要且珍贵。但水处处都有（除了一些戈壁和沙漠），因此，边际效用递减，人们对它的价值熟视无睹；而钻石却因为不可多得以及带给人们的惊喜远远大于得到一杯水——这就是物以稀为贵的道理。水的边际效用很快就会递减，而一般情况下，钻石的边际效用很难达到出现递减的拐点。因此，很少听说有人不喜欢钻石或视钻石如粪土。

小品《吃面条》内容尽管夸张，但在现实生活中，类似的案例却比比皆是。边际效用递减引发的魔咒不断给人带来困惑和不安。但科学总有其内在的规律，是规律就有迹可循。只要保持清醒的头脑和清晰的思维，就能够在生活和工作中将边际效用递减的魔咒变成美妙的变奏曲。

五、成为吉芬商品的茅台

"家里有茅台吗？"2024 年春节假期，我邀约朋友们到家中小聚，张先生最先到达，一见面就问。

"有啊！"我不知道张先生问话的用意，以为他想喝茅台，就随口道。

"有多少？"

"10 多瓶，够你喝的。"

"为什么不多买一点？"

"买那么多干吗？"

"保值增值嘛！"

张先生说这句话的时候，像埋怨我一样，"亏你还是搞经济工作的，连这个都不懂！"张先生语气中带着戏谑，不给我丝毫插话的机会。

我的几位朋友除了文学方面的共同爱好外，还有各自不同的喜好。张先生不善饮酒却喜好收藏酒，特别是酱香型白酒；高先生喜饮白酒，还喜好收藏名人书札；冯小姐喜欢购买和收藏高档女包。在她的家中，有一个柜子专门用于存放她的各式包。而她买的包有许多几乎没用过，有的包仅仅用了几次就被束之高阁。有一段时间，她喜欢上了爱马仕品牌，就开始动辄几万甚至十几万去订购该品牌的产品。甚至因为某个款式没有现货需要预定，在等待的过程中，她还流露出焦虑的情绪。

张先生和高先生知晓这件事后非常不理解，还对她的购买行为提出过质疑和批评。

听了张先生关于茅台酒保值增值的高论后，我并没有直接回答张先生的问题,而是给他讲了一个小故事。故事发生在 1845 年,地点在爱尔兰。

1845 年,一场灾荒席卷爱尔兰。原本只是一般收入家庭食用的土豆成为紧俏商品,价格急剧上涨。土豆价格上涨并没有导致需求量的下降,反而需求量随着价格的上涨而攀升。这一违反价格需求理论的现象,被英国经济学家罗伯特·吉芬发现,因此,这种现象被称为"吉芬难题"。该类需求量与价格呈同方向变动的特殊商品后来就被称为"吉芬商品"。

在经济学中,吉芬商品被这样定义:在其他因素不变的情况下,某种商品的价格如果上升,消费者对其需求量反而增加的商品。

对于普通民众来说,大都距离吉芬商品比较远,原因是这类商品似乎和绝大多数人的观念相违背。

不常见并不等于没有。例如,珠宝、古玩以及名贵的字画等。因为稀少所以被人追捧,被人追捧后,价格自然会上涨,而上涨幅度越大越吸引更多人参与其中。这些例子,人们可以不时从海内外各大拍卖公司不断刷新的拍卖纪录中找到答案。

上述例证是客观事实,但距离普通人的生活较远,因此,一般不会成为大家茶余饭后的谈资,就好像一些人从来不知道"爱马仕"一样。

"那茅台酒又是怎么回事呢?按照你所说的情况,茅台酒好像也成了吉芬商品。"张先生听完我的故事后小心地问道。

"茅台酒似乎确实成了吉芬商品,但我觉得茅台酒成为吉芬商品有其复杂的原因。"我回答。

茅台酒作为中国传统意义上的八大名酒,也曾经和其他七位"弟兄"一样在白酒行业不分伯仲。从售卖价格上比较,相差也并不太大。从近 50 年茅台酒零售价格可以比较清楚地看到茅台酒价格的变动情况:1971 年至 1973 年,葵花牌茅台零售价:4.07 元 / 瓶;1975 年至 1978 年,飞天牌茅台零售价:8 元 / 瓶;1979 年至 1982 年,五星牌茅台零售价:11.56 元 / 瓶;1983 年至 1987 年,五星牌茅台零售价:18.5 元 / 瓶;1989 年,五星牌茅台零售价:89 元 / 瓶,在 1990 年之前,茅台酒价格没有大的变动。整个 20 世纪 90 年代茅台零售价格大约在 200~300 元；2000 年至 2008 年，茅台零售价格在 260~700 元；茅台酒价格进入 2000 年以后，每年都以数十元的价格上涨；2010 年后，其建议价已经达到 1299 元/瓶（顾客实际能买到的价格通常要超过 2000 元）。一个反常的情况是，尽管茅台酒价格节节攀升，但并没有导致销量的下降，相反，越来越多的人加入到疯抢的行列。

从商品属性上考量，茅台酒并不是生活必需品，和爱尔兰当年灾荒导致食品短缺，民众抢购土豆造成销售大涨存在根本不同。

茅台酒为何和珠宝、古玩以及名贵字画一样成为吉芬商品呢？我认为，原因可能是多方面的。

茅台酒长期以来被冠以国酒的名号，还有流传于世、真假难辨的巴拿马万国博览会"摔坛溢香"的故事。另外，就是所谓独特的酿造环境以及受限的产量。

还有一个不争的事实，就是国产白酒行业质量难以有效监控的问题。由于使用食品添加剂的盛行以及有效监管的缺失，许多白酒实际上成为工业添加剂、香精和水的混合产品。特别是假酒泛滥，让一般人难以分辨，消费者在日常生活中对普通白酒或小品牌白酒持不信任态度。而假酒流入市场，进入人们的餐桌，对人身体的伤害却是人人皆知。茅台酒作为贵州省国企的产品，给消费者带来放心和安心。更重要的是，无酒不成宴。有茅台酒加持的宴会会被视为档次高，出席的人才会觉得有面子。久而久之，茅台酒成了一种身份的象征。从某种程度上说，茅台酒已经不是一种消费品，而是一种稀缺的可以保值增值的商品。正是因为这些因素，致使茅台酒成为吉芬商品。只是这种吉芬商品已经成了一种特殊的消费品。如果罗伯特·吉芬还活着的话，也会在惊愕之余为茅台酒成了吉芬商品跌落眼镜。

经济学是一门发展中的科学，有其自身的规律，这在几百年的实践中已经被反复验证。但是，随着人类社会的发展和进步，加上市场日益多元和复杂，市场失灵现象屡屡发生，吉芬商品现象也层出不穷。但不管怎样，经济学的基本规律并没有改变，经济学发展过程中出现的一些反市场规律的行为只是大趋势中的几朵浪花，并不能改变整个经济世界的运行规律和大势。因此，在现实世界中，必须将市场过程中的特殊性与普遍性区别开来。

茅台酒或许可以在一段时间内成为吉芬商品，但却未必能永远成为吉芬商品。其回归一般商品的拐点或许就在不远处。

从茅台酒成为吉芬商品的现象可以看出市场的复杂性和多元性，可能还有社会心理学等因素夹杂其中。由此可见，经济学的发展之路还很漫长，经济学也需要与时代同步。只有与时代大势同步的经济学才能对社会和人类发展起到促进作用。

"如果现在有购买 10 箱茅台酒的机会，我是买还是不买呢？"张先生似乎有些犹豫地问道。

"当然要买！只要是真茅台酒。"我回答，"你要是不买，就把机会让给我，你可以免费到我家喝茅台酒。"我笑着对张先生说。

张先生听了我的话，哈哈大笑起来。

六、关于基尼系数

茅台酒目前仍然属于吉芬商品，价格和需求量也节节攀升。虽然这一现象可以看作百姓生活水平提高的例证，但并不能掩盖贫富差距问题。

身边的朋友在聚会时也以自己的所见所闻来说明社会上存在的贫富差距问题。不久前，冯小姐和先生回家乡参加小叔子婚礼，回来后，和大家一见面就将自己的见闻一股脑儿讲了出来。

冯小姐的小叔子是富豪，他把婚礼操办得高大上。除了在当地最豪华的宾馆举行婚礼和酒宴外，还斥资百万请了几位闻名全国的小品演员到场助阵；迎亲场面动用了 88 辆豪华轿车，来宾每人派发 6666 元红包。说到这里，冯小姐停顿了一下，道："你们不要以为，这个城市的生活水平很高，老百姓都非常富足。从参加婚礼的亲戚口中得知，这座当年以产煤闻名的城市因为资源枯竭，经济并不景气！"冯小姐端起水杯轻轻吸吮了一口，"我曾经四处转了一下，看到一些生活在低矮的房子中的人，也看到那些站在街边，脚边放着'打零工'纸牌的人们，再想想我小叔子豪华奢侈的婚礼，有一种不真实之感。"

高先生听完后，有些质疑冯小姐故事的真实性。他正想问冯小姐，但看到张先生在默默地点头就没有作声。

我有一个同学在冯小姐提到的城市工作，曾经零星地听这个同学谈过这个省一些城市的情况，就插话道："这些都是发展过程中遇到的问题，相信都能够妥善解决。"

"那为什么在同一座城市中，还有那么多的有钱人招摇过市呢？"高先生接过话题问道。

"这就是所谓的贫富差距吧！"冯小姐叹口气说道。

"10多年前，报纸上不是还讨论过贫富差距吗？国家统计局还引进了一个新名词，叫什么系数，据说就是用以表示贫富差距情况的，是不是这样？"张先生转过头把目光瞄向我。

"是的。10多年以来，社会上曾经几次讨论存在的贫富差距问题。张先生提到的系数叫'基尼系数'"。

我请范先生拿来一张白纸和一支笔，简单地画了一张曲线图。一边指着图，一边介绍："这是洛伦兹曲线。我之所以在介绍基尼系数之前提及它，是因为基尼系数是在它的基础上建立的。基尼系数和洛伦兹曲线都属于经济学范畴。基尼和洛伦兹是两个外国人。从时间顺序上说，先有洛伦兹的研究成果，然后，基尼在洛伦兹的基础上将其发展成为当今广泛使用的基尼系数"。

在实际运用中，洛伦兹曲线并不为太多人知晓。现在研究该曲线变化的主要是经济学方面的学者或者经济学专业的人士。基尼系数被众多国家和地区广泛应用在政府统计数据中。我想要介绍的主要内容也是基尼系数。

基尼系数是意大利经济学家基尼在1922年首次提出，旨在定量测定居民收入分配差异程度，基值在0和1之间，越接近0就表明收入分配越趋向平等，反之收入分配就越趋向不平等。按照国际通行标准，数字在0.4以上，表明收入差距较大，当数字达到0.6以上时，表明收入悬殊。由基尼系数衍生出的基尼曲线则是另外一种表达形式，基尼曲线越扁平表明越公平，反之，就表明越不公平。

正是因为基尼系数可以直接或间接地反映贫富差距状况，十几年前，国家统计局引进并开始尝试在国内发布基尼系数。十多年间，国家统计局也数次发布中国基尼系数数据。

我对基尼系数的关注也是从中国引进这一系数开始的，还曾针对基尼系数出现水土不服现象发表了自己的意见。

按照国际惯例，基尼系数在 0.2 以下，表示居民之间分配高度平均，在 0.2~0.3 表示相对平均，在 0.3 ~ 0.4 比较合理；同时，国际上通常把 0.4 作为收入贫富差距的分水岭，认为 0.4 ~ 0.6 为差距偏大，0.6 以上为高度不平均。

根据国际上这一惯例，近年来，一些海归派人士以及学院派专家根据他们的计算方法，认为中国的基尼系数已经到了或过了分水岭，并且有继续快速向上之势 。

目前，对于中国的基尼系数，专家们通常会拿出三组数据。即农村居民基尼系数、城镇居民基尼系数以及全国居民基尼系数。

有关资料显示，中国的基尼系数依次为：1978 年是 0.18，1981 年是 0.29，1988 年是 0.382，1994 年是 0.467（也有资料显示为 0.434），1998 年是 0.456，1999 年是 0.457，2000 年是 0.458，2002 年是 0.459。2005 年的居民个人年收入和人均家庭收入的基尼系数分别达到 0.529 和 0.561。而且从这一年开始，每年都以 0.1% 的速度递增。从这组数据可以看出，上述指标已经超过 0.35~0.4 的国际警戒标准线，这也是各界高度关注的主要原因。国外的一些专家近年来也对此纷纷发表自己的研究报告。2006 年 6 月 29 日，英国《金融时报》刊登了特约撰稿人陈旭敏的一篇研究论文，在其撰写的"中国的基尼系数"一文中，将中国的基尼系数定为 0.47，在亚洲仅次于菲律宾，超过了所有欧洲国家。

针对国内外的这些研究报告和数字，一些专家表达了不同的观点。中国人民银行原行长易纲曾指出，用购买力平价计算得出的中国基尼系数，要比用名义收入计算的数值小很多，中国的收入差距被夸大了。

不管怎么解释，有一个事实就是：在基尼系数超过警戒线之后，在中国却没有出现太大的负面影响。换句话说就是，所谓的危机并没有出现。

有专家认为，基尼系数在中国失效了。

我的观点是，基尼系数在中国没有失效，只是具体问题需要具体分析，只有这样才能真正理解中国基尼系数的意义。理由如下：

20世纪70年代末，中国进入改革开放时期，在短短20多年的时间里，中国经济出现快速稳定增长，城乡居民的收入也出现了不同程度的提高。也正因如此，在20世纪90年代末期，一些专家提出了中国基尼系数问题；进入21世纪后，对中国基尼系数过高的担心也到了一个新的阶段。

我暂不去质疑一些专家的计算方法和他们得出的基尼系数的可信度，只是从另一个角度分析一下基尼系数在中国失效的原因。

中国14亿人口中，约有7亿以上人口分布在农村。根据2006年的统计，大约10%的农村人口流入城镇（约8000万人）。由于城乡发展差距，东西部以及中部的经济发展差距，中国经济发展并不均衡。即使是同一区域（例如，珠江三角洲地区、长江三角洲地区以及环渤海经济区）城市与城市之间的差距也很大。

由于中国农村经济发展越过温饱阶段，大批的农村务工人员涌入城市，尽管这一部分人口的收入处于较低水平，相当部分农村务工人员并没有把在城市定居作为最终选择，而是通过在城市劳动，最终回到家乡生活（包括家乡附近的城镇）。这就大大减少了所谓城市居民被列入换算的基数，也不能把他们暂时在城市生活的形态作为城市长期居民来对待。

城市与城市之间的情况更加复杂。以北京为例，多年前，相当多的北京人到天津去购买生活用品以及消费品或请客吃饭等。在北京三环外，买一套150平米的房子需要120多万元人民币，而这一价格可以在许多城市买一栋漂亮的别墅。在中国东部一些地区和城市，其经济指标已经达到和超过中等发达资本主义国家的水平；而在西部的一些省区市，经济发展仍然非常落后。

对于一个幅员辽阔、发展水平差距很大，又受到地理、人文、传统观念、民族等多种因素影响的中国来说，如果不能深入和客观了解这些情况，那么，在书斋或研究所里计算出来的数字也就没有多少说服力。

我曾经将自己的观点和朋友们分享和讨论。在和范先生讨论时就直言，在台湾地区这样一个面积较小的区域内，使用一组基尼系数或许偏差不会太大。

范先生还提到了香港地区的基尼系数问题。认为香港的基尼系数很高，基本上属于收入分配严重不均的状况，但香港并没有出现太严重的社会问题，是不是也是基尼系数水土不服。

我对此解释道，香港的情况比较特殊。香港作为一座 700 万人口的现代国际都市，市场经济已经相当发达，经济水平已经跨入发达经济体行列。其各种经济数据和社会发展情况方面的资料和数据也非常接近于实际。基尼系数反映的数据也真实可靠。香港之所以没有出现较为严重的社会问题，其主要原因是香港社会结构类似纺锤状形态，香港中产阶层十分庞大，占社会的绝大多数。正是因为庞大的中产阶层的存在才使得香港社会非常稳定。香港也是世界最安全和最宜居的经济体（地区）之一。

2013 年，国家统计局在中断发布相关数据几年后，又开始对外发布基尼系数。这一次，国家统计局在公布自己测算结果时，也同时公布了世界银行测算的数据，以此佐证其公布的数据的可信度。

基尼系数之所以被社会以及各级政府高度关注，是因为这个系数是关于贫富是否分化的系数。每一个正走在发展过程中的国家和地区都十分关注基尼系数的变化。

在我和朋友们讨论这个问题的过程中，不止一次谈到中产阶层在社会和谐稳定中所起作用的问题，似乎意见并不统一。以我的理解，当下中央政府提出的"共同富裕"实际上就是培育更大的中产阶层。而我眼中的中产阶层不仅是财富意义上的富裕人群，还包括受教育程度、对社会的关注程度以及社会责任感。只有这个群体不断壮大，社会才能越来越和谐和稳定。

听了我的这个回答后，大家不再提相关的问题。在我的印象中，后来大家没有再议论过有关基尼系数或者贫富不均的话题。原因可能就是认为我们这些人最多只能被列入中产阶层。在大家的意识里，自由地享受当下生活就是一种幸福。

尽管如此，我还是经常会思考，对于一个国家、一个社会乃至一个自然人来说，关注基尼系数的变化，警惕社会贫富差距的扩大是必要的，也是不可忽视的。社会的和谐来自社会的公平和正义，也依赖于中产阶层群体的不断壮大。中产阶层是社会发展和进步的基石，也是和谐社会稳定的"锚链"。

关于中产阶层的话题，我记得在一次聚会上，冯小姐突然问了这样一个问题："什么是真正的中产阶层？中产阶层在整个社会人口中占有怎样的比例才标志着社会进入最佳状态？"听到冯小姐的话，大家面面相觑，最终没有一个人回答这个问题。

七、从红海游到蓝海

企业和企业家是国家宏观经济生活中不可或缺的要素。没有企业和企业家的参与，谈不上经济的发展和社会的进步。把话题转到具体的企业和企业家，就面临着如何做一个优秀的企业家和如何做好企业的问题。只有作为众多单体的企业做好了，对经济和社会才会有更大推动作用，否则就会产生反噬作用，对经济和社会产生负面效果。

做好企业是企业家的工作和责任，但如何做好企业其中却大有学问。

记得10多年前，第一次遇见商界精英刘强东是在一个小型冷餐会上。当有人问刘强东是如何带领京东在短时间内实现历史性跨越的问题时，刘强东的回答是，退出红海，寻找更多的蓝海。

听到刘强东的回答，我暗自笑了。刘强东简单的一句话或许是许多企业家苦苦寻觅而不得的秘诀。

我知晓所谓红海和蓝海这两个名词要感谢我的朋友——梦的居酒屋的老板范先生，是他让我从那本叫《蓝海战略》的书中读懂了这两个词。

那是2006年11月下旬的北京，已有初冬的感觉。

已经过了晚饭时间，突然接到范先生电话，约我到居酒屋聊聊。当时，我正在书房里用功，就问范先生能否改个时间，范先生仍然坚持让我过去一下。这是很少有的情况。通常我和范先生都是约在周末聚会聊天，而且大多数都是朋友们齐聚的时候。

在我推开居酒屋大门的时候，看见范先生正端着酒杯，倚着柜台

和一个朋友聊天。见我进来，范先生立即招呼我坐在他旁边，又吩咐服务生温一壶清酒并给我拿来一只酒杯。之前和他聊天的朋友看到此景立即知趣地告退。温好的酒端上来后，范先生边和我碰杯，边用手拍了拍一本放在柜台上的书："我看到一本好书，急不可耐地想和你分享一下，所以才冒昧打电话给你！"

这是一本叫《蓝海战略》的书，由美国作者勒妮·莫博涅和韩国作者 W. 钱·金合著。

这是一本我尚未读过的书。我将目光投向范先生，范先生似乎明白我的意思，他将这本书的内容简要地介绍了一下：如果把商海比作一个海洋，那么，这个海洋就注定是一个不平静的海洋。企业为了生存，为了追求持久和较高的利润增长，往往与其竞争对手展开针锋相对的斗争。企业与企业之间为了各自的利益，在商海中反复搏杀，目的就是取得更大的市场份额。这种竞争往往是你消我长、你死我活，久而久之，这个商海就变成了一个血腥的红色的血液之海，简称红海。

这本书的作者对跨度 100 多年且涉及多个领域的案例进行分析研究后认为，一味地在红海中作战，将难以在未来的商战中取胜。他们指出，要想赢得企业的明天，企业不能仅靠与对手竞争，而是要开创蓝海，即未来希望之海——蕴含庞大需求的新市场空间，从而走上增长之路。

听了范先生的介绍，我立即对《蓝海战略》这本书产生了兴趣。我答应借读几日，待我读完后再进行交流。

这本书确实有可读之处，它给今天的企业人，特别是企业经营者和管理者指明了方向，阐述了企业经营之道。我读完后有豁然开朗的感觉。

开创蓝海，必须在价值创新方面有所突破。价值创新的战略行动能够为企业和顾客带来价值的飞跃和提升，使企业彻底摆脱竞争对手，并将新的需求释放出来。

红海代表所有现有企业，这是已知的市场空间；蓝海代表所有目前并不存在的企业，这是未知的市场空间。

在红海，企业有公认的明确界线，也有一套共通的竞争法则。在这里，所有的企业都试图表现得比竞争对手更强大更有竞争力，以掌握现有资源，扩大市场占有率。随着市场空间愈来愈拥挤，盈利和前景越来越狭窄。各种明争暗斗把红海染成一片血腥。

相形之下，蓝海是由尚未开发的市场空间组成，创造新的需求，以及提供高盈利成长机会使蓝海充满了诱惑。虽然有些蓝海远远超出现有企业疆界，但大部分的成功企业通过扩展现有企业疆界，建立起自己的蓝海。在蓝海，竞争无关紧要，因为游戏规则尚未制定。

在红海里，必须无时无刻不超越对手，只有这样，才能生存和发展。竞争的重要性永远不容忽视，企业也永远摆脱不了这种境遇。但是，随着越来越多的行业供过于求，争夺日益收缩的市场固然必要，却不足以让企业维持高效和快速的增长。企业必须超越竞争，寻找新的盈利和成长机会，也就必须创造蓝海。

虽然蓝海一词听起来很新鲜，其实蓝海存在已久。如果以 100 年为时间轴，向前回溯，就会发现，现在的许多行业都是过去的蓝海，是从过去的红海中杀出而创造出崭新的未来（现在）。以运输工具为例，当豪华的马车还在英国贵族阶层盛行时，蒸汽机车在斯蒂芬森的驱动下开始缓慢地在伦敦市郊启动。尽管在初期的运行中，蒸汽机车曾因速度不及马车而被人嘲笑，但蒸汽机车最终成为资本主义发展进程中运输工具中的蓝海。蒸汽机车的出现，极大地促进了运输和物流，对资本主义商品经济的发展起到了促进作用。在航运业中，还有轮船的商业化运营，飞机用于商业运输等，这样的例证不胜枚举。

红海和蓝海是相对的。过去的蓝海，在今天却成了红海，而今天的蓝海也会成为明天的红海。因此，把握商机，寻找商机，开拓蓝海是今天的企业所面临的挑战。

中国自 20 世纪 80 年代初实施改革开放之始，计划体制框架下的生产和销售体制被打破，市场由卖方经济逐渐成为买方经济。由于对国外市场的陌生，国内企业陷入一片红海之中。异常惨烈的厮杀，促使一批中国企业觉醒。例如，著名的海尔集团和华为公司等。海尔集团在国内家电行业率先开辟了蓝海。海尔根据市场需求创造出了可以洗红薯的洗衣机，制造出了小容量可以用来洗袜子和小件衣物的"mini"洗衣机等。他们的创意之举，不仅独占了市场，还赚取了可观的利润，减少或基本上没有遇见竞争对手。海尔集团还打破了电器维修后勤服务的一整套做法和行规，率先推出有海尔特点的便民措施。在家电行业，尽管海尔电器比其他同行业产品的价格要贵，但由于其完善的后勤和维修服务模式，让更多的人选择海尔。海尔集团从而在维修和售后服务领域也创造了一片蓝海。华为公司在生产交换机方面不仅牢牢地占据了国内市场，还打开了国际市场，从而为自己创建出一片蓝海。

随着中国经济的快速发展，以及和世界经济的快速接轨。越来越多的中国企业开始研究在市场中的博弈之术，更多地把眼光投入创造蓝海的努力之中。

一系列重要因素的变化使得创造蓝海日益迫切。科技革命浪潮日益汹涌，工业生产力大幅提升，供货商也得以提供空前繁多的产品和服务，导致越来越多的企业出现供过于求的现象。全球化趋势更加助长了这一现象的出现。随着各国和各地区之间的贸易壁垒撤除，加上产品和价格信息在全球各地立时可得，许多原来得以垄断经营的微小市场和受到保护的市场不断消失。在全球竞争加剧、供应不断增加之际，却没有明显迹象显示世界需求在扩大。

20世纪的企业策略和管理方法，大部分是根据当时的企业环境演变而来的，可是上述情况却显示这种企业环境正逐渐消失。进入21世纪以后，随着红海越来越血腥，企业必须以更加努力的姿态开拓蓝海。

创造蓝海的成败，完全取决于策略的使用。陷于红海的企业只会延续传统做法，只能在现有企业领域奋力自保。蓝海的创造者却不把竞争当作目的，而是遵循不同的策略理念，追求价值创新，这也是蓝海策略的基石。

之所以称之为价值创新，是因为这种策略不是为了打败竞争对手，而是致力于为顾客和企业创造价值跳跃，并因此开启无人与之竞争的市场空间。

就价值创新本身来说，价值和创新的位置同等重要。没有创新的价值，容易专注于渐进式地创造价值。这种做法虽然可以改善某种状况，却不能在市场中脱颖而出；没有价值的创新，就达不到顾客能够接受和愿意花钱购买的程度。因此，价值创新必须有别于科技创新。创造蓝海的成败关键，并非尖端科技，有时候这些因素确实存在，不过在大多数情况下并不重要。只有创新与实际功效、价格和成本配合得恰到好处，才能达到价值创新。

价值创新是蓝海策略的一种新思考方式，而这种策略能够创造蓝海和脱离竞争。重要的是，价值创新可以不理会竞争本位策略最通行的教条：价值——成本交换。传统思维认为企业可以用较高的成本，为顾客创造更大的价值，或用较低的成本，创造合理的价值。这种策略让人必须在追求差异化或低成本之间作选择。相比之下，企图创造蓝海的人在同时追求差异化和低成本。

创造蓝海是为了降低成本，同时为顾客提高产品价值。这是同时为企业和顾客制造价值跳跃的方法。由于顾客得到的价值，来自企业向他们提供的产品功效和价格，而企业得到的价值来自产品价格以及成本结构。因此，只有在产品功效、价格和成本结构形成的整个体系适当配合下，才能达到价值创新。这种涉及整个体系的做法，使创造蓝海成为持久策略。

虽然各种情况表明建立蓝海的紧迫性，但一般认为，公司一旦逾越现有企业空间，成功的可能性会降低。这个问题关系到如何在蓝海获得成功。创造和掌握蓝海，是由尽量扩大机会和缩小风险的原则推动的，

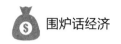

如对这种原则缺乏了解，蓝海计划会更加难以实行。

当然，任何策略都不可能毫无风险，机会和风险永远随着策略而来。红海策略或蓝海策略都一样。

针对创造蓝海最为重要的因素是价值创新这一关键命题，要求正在红海中搏杀并试图杀出重围寻找蓝海的企业认真领会价值创新的内在含义。换句话就是，既要重视价值，又要关注创新。追求差异化和低成本的双赢，同时，整合企业内部的各种相关资源。只有这样，创造出来的蓝海才能持久和富有远景。

当我将我的所思所想讲给范先生听的时候，范先生的反应相当热烈，特别对我谈到的价值创新给予了高度认可。

"你说，我的这个居酒屋是红海还是蓝海？"范先生突然问道。

"属于蓝海。"我迟疑了一下道，"因为梦の居酒屋表现出的就是价值创新。"

范先生盯着我的眼睛又道："不过，今天的蓝海也会变成明天的红海，我也要居安思危呀！"

现在想来，当时在回答范先生问我居酒屋是红海还是蓝海时，我的回答显然是有些搪塞。因为居酒屋作为一个并不特别的餐饮企业，尽管不是红海，但无论如何也不是蓝海。居酒屋在当时并没有表现出价值创新，所以和一般的红海企业并没有太大区别。只是在新冠疫情肆虐的日子里，居酒屋迫不得已推出网上居酒屋时才开始显露出一些价值创新，只是面对竞争日益激烈的餐饮市场，创新的外延和内涵早已不是简单的两个字所能解释的。

八、从居高不下的离婚率谈起

多年来，在我们不定期的聚会沙龙里，讨论过文学、社会、经济等许多内容，却很少谈及离婚率方面的话题。在 2022 年初的一次聚会中，冯小姐看似无意中提及的话题让一位意大利经济学家的研究进入我们的视野。

"你知道 2021 年北京的离婚率有多高吗？"冯小姐一见面就很突兀地问我。"30%——或者更高？"我支吾着答道。"2021 年，北京的离婚率是 37%。"冯小姐略显沉重地说道，"实际上，2021 年的离婚率还不是最高。北京有几个年份的离婚率都在 40% 上下。"

冯小姐多年来一直关注北京人的婚姻情况。在一次聚会上，她还很悲观地告诉我们：有时候，她对婚姻的未来也持悲观态度。

记得，朋友们上一次谈论这个话题还是 2006 年 11 月，也是在范先生的梦の居酒屋。

那是一个雾霾严重超标的中午，我戴着口罩推开居酒屋大门的时候，看到范先生正在柜台旁的高凳上和一个年轻人小声嘀咕着什么。看到我进来，范先生急忙招呼我在"榻榻米"隔间里坐下，然后吩咐服务员给我沏水泡茶。吩咐完之后，又继续和年轻人小声聊着什么。据我的观察，年轻人情绪十分低落，一直埋着头，话也很少，只见范先生一直不停地小声说着话，年轻人却很少回应。

大约过了 20 分钟，朋友们陆续到来，店里的客人也明显多了，范先生开始忙碌起来。我听见范先生对年轻人发出在店里吃午饭的邀请，但年轻人态度坚决地拒绝了，然后匆匆出门离去。

就在我们酒足饭饱、谈兴渐淡的时候，范先生微笑着走到我们旁边坐下，一边询问对菜品的意见，一边招呼服务员给我们沏茶。我刚刚端起茶杯用鼻子嗅了一下茶香，范先生就悠悠地对我说道："刚才你看到的年轻人是我以前的学生，刚刚离婚，心情不好，找我来聊聊。"

吃饭的时候，我和朋友们聊到"80/20 法则"，大家仍然沉浸在与这个法则有关的话题上，似乎并没有在意范先生说的话。冯小姐突然没头没脑地问范先生："你知道 80/20 法则吗？"

范先生听了冯小姐的问话，似乎有一头雾水的感觉，我忙接过话题给范先生道出了原委。范先生听了我的解释后，立即点头说，当然知道啦！然后，把他所知道的"80/20 法则"简单地说了一下。

帕累托法则又称帕累托定律或 80/20 法则，是由意大利经济学家帕累托（Vilfredo Pareto，1848—1923）于 19 世纪末 20 世纪初提出的。他通过研究和计算，归纳出一个结论：如果 20% 的人口享有 80% 的财富，那么，就可以预测，其中 10% 的人拥有约 65% 的财富，而 50% 的财富，是由 5% 的人拥有的。当然，重点不仅是百分比，而是存在这样一个事实：财富在人口中的分配是不均衡的，这是可预测的事实。因此，80/20 成了这种不平衡关系的代名词和简称。今天普遍采用的 80/20 法则，是一种量化的实证法，用以计量投入与产出之间可能存在的关系。

80/20 法则主张：以一个小的诱因、投入或劳动，通常可以产生大的结果、产出或成果。从表面上看，这一法则说明，在你所完成的 80% 的成果里，来自你所付出的 20% 的努力。

"是不是可以这样理解？对所有实际的目标，人们五分之四的努力——即付出的大部分努力是与成果无关的。"冯小姐突然插话道。

"可以这样理解。这种情况违背一般人的期望。对于崇尚'一分耕耘，一分收获'的中国人来说，可能更不好理解和接受。"我接过范先生的话题答道，"所以，80/20 法则指出，在原因和结果，投入与产出，努力和报酬之间，本来就是不平衡的。80/20 法则的关系，为这个不平衡现象提供了一个非常好的指标。典型的案例会显示，80% 的产出，来自 20% 的投入；80% 的结果，归结于 20% 的起因；80% 的成绩，归功于 20% 的努力。"

接着，我又继续举例。在商业世界和人们的现实生活中，有着许多 80/20 法则具体案例：人们使用的私家车，80% 的能源被浪费；在企业的营业额和利润中，80% 来源于 20% 的产品和 20% 的客户；在警察局的档案中，80% 的案件是由 20% 的罪犯犯下的；在交通事故中，80% 的交通事故是由 20% 的汽车驾驶人引发的；在学校，20% 的孩子，仅仅达到 80% 的教育水准；在企业里，20% 人员工资的总和，相当于其他 80% 人员工资的总和；但是，20% 的人做着全公司 80% 的工作；在日常生活中，80% 的时间里，你穿的衣服是你所有衣服中的 20%；在世界上，80% 的能源消费，是由少于 20% 的人口耗费的；世界财富的 80%，为少于 20% 的人拥有；而在一个国家的医疗体系中，20% 的人口消耗了 80% 的医疗资源，等等。

总而言之，在原因和结果、投入与产出、努力和报酬之间存在的不平衡，可以大略分成两类：多数，它们只能造成少许的影响；少数，它们造成主要或重大的影响。

尽管 80/20 法则只是一个概念，并无极准确的衡量作用。但掌握并科学地运用这一法则对于我们的生活和工作却是至关重要的。

在日常生活中，如果抓好 20% 的事情，而这 20% 的事情会使 80% 的事情变得顺手和容易。

在企业经营中，设法抓住 20% 的客户和 20% 的产品，就基本上可以完成企业 80% 的营业额；在人力资源管理上，20% 的人力资源可以使 80% 的人力资源活跃起来；在社会治安方面，重点整治 20% 的犯罪高危人群，可以减少 80% 案件的发生；在军队里，抓住 20% 的核心战士，部队 80% 的战斗力就能得到保障。

当今社会，离婚率一直居高不下。在北京，离婚率已经高达 30%以上，接近 40%。在如此高的离婚率前提下，范先生的学生离婚并不值得大惊小怪。有统计数据表明，20% 的已婚者占离婚人口的 80%（即不断离婚、结婚的人扭曲了统计数字）。根据帕累托法则，在实际生活中，80% 的离婚者中，其中 20% 已经再婚。因此，不断上升的离婚指数并不可怕，人们也不用对未来婚姻的忠诚度过分悲观。

我愿意在此举出更多有关 80/20 法则的案例。

20% 的人是富人，80% 的人是穷人；20% 的人掌握世界上 80% 的财富，80% 的人只掌握世界上 20% 的财富；20% 的人用头脑挣钱，80% 的人用体力赚钱；20% 的人是正面思考者，80% 的人是负面思考者；20% 的人买时间，80% 的人卖时间；20% 的人做事业，80% 的人做事情；20% 的人重视经验，80% 的人重视学历；20% 的人明白只有行动才有结果，80% 的人认为知识就是力量；20% 的人爱投资，80% 的人爱购物；20% 的人有目标，80% 的人爱瞎想；20% 的人在问题中找答案，80% 的人在答案中找问题；20% 的人放眼长远，80% 的人注重眼前；20% 的人把握机会，80% 的人错失机会；20% 的人计划未来，80% 的人早上起床时才想今天干什么；20% 的人按成功的经验做事情，80% 的人按自己的意愿做事；20% 的人可以重复做简单的事情，80% 的人不愿意做简单的事情；20% 的人明天事情今天做，80% 的人今天的事情明天做；20% 的人想着如何能办到，80% 的人想着不可能办到；20% 的人受成功者的影响，80% 的人受失败者的影响；20% 的人整理资料，80% 的人不整理资料；20% 的人失败后相信以后会成功，80% 的人失败后就会放弃；20% 的人改变自己，80% 的人改变他人；20% 的人爱争气，80% 的人爱生气；20% 的人鼓励和赞美他人，80% 的人批评和谩骂他人；20% 的人会坚持，80% 的人爱放弃……

类似的事例，我还能举出许多。针对具有一定意义的 80/20 法则，对其加以研究并从中找出内在规律，利用其内在的特性，将不利因素转化为有利因素；同时，针对一些突出的社会问题，专门制定出一些相应的策略加以应对，这是今天的政府决策部门应当研究和关注的。例如，对于贫富悬殊和收入差距问题，政府应该采取税收等措施来限制 20% 的高收入群体，还应该采取一定的行政手段和措施提高其他 80% 群体的收入和待遇。前些年，政府大力推动的脱贫攻坚就是 80/20 法则的具体表现。

其他方面的情况也是这样。不管是在企业里，还是在社会中，充分利用帕累托定律得出的原因和结果，对其进行科学分析，从中找出规律并加以利用，就可以最大程度地减少帕累托定律带来的负面影响，使其成为造福人类和社会的有用工具。

帕累托的贡献远远不止我列举的例子。帕累托作出了新的贡献。在距今 100 多年前的岁月中，他总结出对今天仍然有实际意义的帕累托定律，由此，我对他充满敬佩之情。帕累托虽然远去了，但他的贡献仍然在持续，与帕累托定律有关的故事仍然在不断积累和出现，完全可以编纂一本新的《一千零一夜》。不过，这本新的《一千零一夜》应该更加有趣和实用，因为它与经济、社会和每个人的生活密不可分。

九、最好的玉米不好吃

"你们都吃过玉米吧？"在一次朋友们的聚会上，我有些突兀地问大家。

"嗯——吃过。"大家似乎有些不解，又都迟疑地回答。

"那你们吃过最好的玉米吗？"我又问道。

"什么是最好的玉米？"

"最好的玉米标准是什么？"

大家七嘴八舌地问道，看我没有作声，又都把目光瞄向我，想知道我到底卖什么关子。

我没有回答，向范先生的方向努了努嘴，说："问问范先生有没有吃过'最好的玉米'。"

此时，范先生正倚着柜台和几位常客边啜饮着小酒，边聊着天。看到我们几个人都把目光觑向他，就端着酒杯慢慢走过来，满眼透着问询。我一边喝着小酒，一边从盘中捡花生米放在嘴中咀嚼着，继续卖着关子。

就在范先生以为我们并没有什么事情要转身离开时，我装着突兀地问范先生："你能回答我一个问题吗？"没等范先生回答，我就一鼓作气问下去："如果你是一个几天没有进食、饿得快要死的人正在千方百计寻找充饥的食物。突然间，你看到前面有一片成熟的玉米地，就迫不及待地跑进去。玉米地里有很多玉米，有的玉米可能沾上了灰尘，有的玉米有虫眼，还有发霉和腐败的玉米等，你会怎样呢？"范先生可能明显感到我的问话来者不善，想了想后没有立即回答。我看到范先生欲言又止的样子，继续说道："我给你三个选项：① 你进入玉米地后不分青红皂白就掰下一个，大口咀嚼；② 你进入玉米地后稍加观察和挑选，然后掰下一个就大口吃起来；③ 你进入玉米地后，不断挑选，找一个你认为最好的玉米掰下来吃。"

范先生想了一下回答，"第二个选项吧！"

"你为什么不选择第三个选项呢？"我问道。

"我已经几天没吃东西了，饿得快死了，当然是先满足肚皮最重要！"

我看了一眼范先生，在他的手背上轻轻拍了一下，道："你的选择是正确的。实际上，三个选项对应的是三个结果。第一个选项的结果是，不加选择地就掰下一个玉米吃下去，或许可以暂时解决饥饿问题，但也可能吃下去的是发霉变质的玉米，吃下后有可能导致对身体的伤害；第二个结果是，虽然掰下的不是这块地里最好的玉米，却解决了饥饿问题，又使身体免受霉变玉米的伤害，还可以在充饥之后，继续寻找其他更好的玉米；而第三个结果是，如果一心想去寻找心目中'最好的玉米'，或许，最好的玉米没有找到就会饿昏在玉米地中。这就是所谓的'次佳原理'，也称'次优理论'。"

这个理论的提出源于西方经济学鼻祖——亚当·斯密。他在《国富论》中总结出了"看不见的手"原理，歌颂以利己为动机的资本主义制度，认为该制度可以实现资源的最佳配置。也就是说，如果每个消费者都为了自身的效用最大化，每个生产者都追求最大利润，那么，在完全竞争的经济中，他们不仅能够实现自己的目的，而且还会不自觉地使社会达到资源配置的最优状态。但现实经济生活中无法达到完全竞争经济所要求的条件，结果还会是最优吗？

1956 年，经济学家李普西和兰卡斯特在总结前人理论的基础上，创立了"次优理论"。通俗地说，这个理论的含义是：假设达到"帕累托最优"状态需要满足 10 个假设条件，如果这些条件至少有一个不能满足，那么，最佳状态就不存在了；尽管未能满足最佳状态，但也比满足剩下来的 9 个条件中一部分（如满足四个或五个）而得到的次优状态更加接近于 10 个条件都得到满足的帕累托最优状态。

这个概念由意大利经济学家帕累托提出并由他的名字命名。

帕累托最优是管理学的研究范围，也属于经济学研究范畴。从某种程度上说，企业管理活动的过程就是不断追求帕累托最优的过程。在经济学家看来，尽管市场机制是迄今为止最有效的资源配置方式，但事实上，市场本身并不完善，在不完善的前提下，就会造成社会资源的浪费。因此，实现帕累托最优往往是达不到的。

正因如此，后来的经济学家提出了"次优理论"，从而弥补了帕累托最优的缺陷。

听了我的叙述后，范先生显然理解了我说的话并陷入了沉思。

次优理论告诉人们这样一个道理，在现实生活中，在管理和经济世界里，是找不到最优的。没有最优，只有次优。追求次佳或次优是管理世界和经济世界的理性追求。

追求次佳不等于不求上进，追求次佳不等于不想达到最佳。因为，在人们的现实生活和工作中，没有最佳或者最优，只有次佳或者次优。

在现实世界里，不断地追求次佳，也就是不断地向最佳靠近，无数次的次佳可以让人们无限地接近最佳。正是这样的过程和努力才使现实世界充满了神奇和魔力，才使越来越多的人不断尝试和努力，不断创造着程度不同的次佳，也向着理论上的最佳一步步迈进。

正因为如此，管理学界才有了只有次佳的管理而没有最佳的管理之说。

法国管理学家冯·皮尔诺曾这样描述良好的管理，他说："良好的管理是一种在无痛中蜕蛹化蝶的艺术。"他所说的良好的管理就是次佳的管理；他所言的蜕蛹化蝶的艺术是次佳管理的绝妙写照。

在我不断举例论证说明次佳管理的正确性时，不知何时开始，整个居酒屋里只剩下我和我的朋友们。

"是不是可以理解，次优就是一个阶段或一个过程中的最优？可不可以认为，每一次追求次优的过程都向最优迈进了一步？"范先生终于悠悠地吐出一句话。

或许可以这样理解吧。人类改造世界和努力奋斗的精神源泉实际上也源于此。最优永远是一个目标和方向，而次优是我们每一次奋斗的目标。

每个希望走向成功的人可能都走在这条路上，这也是每一个奋斗者生命的意义。

在现实生活中，最好的玉米其实是不存在的，只有次好的玉米和不停寻找的过程。这也是生命的意义，其中也包含着文学的意义。

十、折断的木桶引发的故事

　　文学艺术家们经常会说这样一句话：文学艺术来源于生活而高于生活。实际上，经济学也基本上来源于生活。原本在生活中被忽视或者司空见惯的现象和存在被经济学家们偶然发现后，经过研究和思考，找出其中的内在规律，从而对社会和人类的发展起到引领和推动作用。

　　在经济学十大定律中，蝴蝶效应、鳄鱼法则、鲶鱼效应、羊群效应、刺猬法则、手表定律、破窗效应、二八定律等都是经济学家（或管理学家等）在生活中发现的，最终成为著名定律。在这些定律中，我印象比较深刻的是"木桶定律"，还为此和朋友们开展了一场讨论。

　　那是 2006 年 12 月初，北京的天气已经十分寒冷。在寒冷的日子相聚，或许最好的驱寒方式就是践行"绿蚁新醅酒"和"红泥小火炉"。

　　正是晚饭时间，居酒屋很少见的没有一个顾客。我到居酒屋的时候，其他朋友还没到。一进店门，感觉店里空荡荡的，正想大声喊范先生，恰巧听到从后厨传来一阵"嘭嘭"的声响，我忙走到后厨门口，撩开门帘向里观望，看见范先生和后厨的炒菜师傅正在修理一只木桶。范先生看见我，立即示意我坐在柜台旁的高脚凳上。又是一阵"嘭嘭"的声音传出，不一会儿，范先生撩开门帘走出来，手里拿着那只木桶。这时，我才注意到，原来木桶侧面的一块木板从中间折了。范先生告诉我，这是他从台湾带过来的，是他母亲当年用的家什，以前主要用来浸泡磨豆浆的大豆。可能是时间太久的缘故，侧面的一块木板从中部折了，估计一时半会儿也无法修好。因为是母亲使用过的家什，他准备把木桶清理干净、晾干后收起来留作纪念。说着，他拿出一块干布开始仔细擦拭木桶，擦拭完毕后又把木桶小心地挂在一侧的墙壁上。

这是一只用橡木做的木桶，木桶外侧还装饰着日式花纹。尽管折了一块桶板，但仍然不失为一件残缺的艺术品。

范先生看见我望着木桶发呆，就打趣着对我说："肖先生，你不会想为这只折损的木桶写一首悼亡诗吧？"

我把目光从木桶上收回来，问范先生："你应该知道经济学十大定律吧？"范先生听了一愣，然后哈哈大笑道："你是指'木桶定律'？"我点点头。范先生听了我的回答，抬起头又看了一下木桶，然后和我一起踱步到"榻榻米"隔间里坐下，就木桶引发的话题开始了一番讨论。

不知从什么时候开始，其他几个朋友已经安坐在柜台旁的凳子上，静静地听着我们的讨论。

木桶定律又称木桶理论，有人也称短板理论或短板效应。其核心内容是：一只木桶盛水的多少，不取决于桶壁上最高的那块木板，而是取决于桶壁上最短的那一块木板。根据这一表述，可以这样推论：① 只有桶壁上的所有木板都一样高，木桶才能盛满水；② 如果该木桶有一块木板不够高度，则木桶里的水就不可能盛满。

只要智力健全的人稍加思索就能知道这个理论是正确的。用通俗的语言表达就是：对于盛水的木桶，起决定作用的不是最长的木板，而是最短的木板。

换个角度可以这样理解：① 比最低的木板高出的部分是没有意义的，高出越多，浪费越多；② 要想提高木桶的容量，就应该设法加高最短木板的高度。

这就是劣势决定优势的法则——一个残酷的法则。

木桶理论是由美国管理学家彼得提出的。其核心思想是要说明任何一个组织，可能都面临一个共同问题，即构成组织的各个部分往往是优劣不齐的，而劣势部分往往决定着整个组织的水平。

该理论被提出后，引发了人们极大的兴趣和关注。由此，也引发了人们的诸多思考。比如，在一个团队里，决定这个团队战斗力强弱的不是能力最强和表现最好的人，而恰恰是能力最弱和表现最差的人。

"你们谈的木桶理论在现实社会中都是如何表现的呢？"冯小姐率先打断我们的讨论并发问。

我考虑了一下说："其实这样的例证不胜枚举。木桶定律广泛存在于社会的方方面面和人们的日常生活之中。简单举个例子，中国的农村和农民问题就是中国社会目前存在的最大短板。"

在中国，建立和谐社会的核心是农村和农民问题。在中国 14 亿人口中，近 50% 的人口仍然生活在农村。尽管多年以来，有几亿农村人口进入城镇生活和工作，但由于传统、文化以及就业、住房、教育等因素的影响，相当一部分农村人口最终仍会回到家乡生活。农村在经济发展、教育水平等诸多方面和城市之间存在差距。由于受城市生活的吸引以及人才流动的加速，农村地区的许多优秀人才流向城市，特别是农村优秀的教育人才严重流失，从农村通过高考进入城市的人才几乎全部留在了城市。这一现象造成了农村急需的人才严重短缺，同时，城市中的人才又出现严重浪费。久而久之，势必造成农村和城市差距的进一步拉大。

根据木桶定律的启示，整个社会的和谐发展，其重点取决于最劣势的人群或者地区。中国的农村人口和广大的农村，恰恰是木桶定律中至关重要的短板。如果不及时和稳妥地把短板加长加固，那么，建设和谐社会就会面临较大阻力和难度。因此，在建设和谐社会的进程中，国家和政府应该从战略角度看待这个问题。如果看不到这个问题的严重性，一味只抓城市经济，只追求 GDP 的增速和城市的现代化，忽视中国的农村和农民问题，那么，由这一矛盾引发的社会问题或许将影响中国 40 多年的开放和改革成果。到那时，则悔之晚矣！

"你觉得应该怎样解决这个问题呢？"一直沉默不语的张先生问道。

我个人的观点和意见有三条：

一是根据目前对世界超大城市的经验总结，超大城市并不是各国发展的最佳模式；相反，大城市病带来的危害早已不断显现出来。在中国，由于城市化和工业化比较晚，根据他国的前车之鉴，显然不适宜鼓励大量农村人口涌进大城市（特别是超大城市），而适宜于积极发展中小城市。根据中国当下倡导乡村振兴的构想，着眼农村的长远和未来。在制定城乡发展规划时，将乡村振兴纳入其中，通过国家政策和资金扶持、教育引导等方式，鼓励部分农村人口就近就业和生活。

二是提高和拓展中小城市（镇）的功能，在生活、工作、学习和教育等方面充分考虑广大农村的特点，将大量的农村人口纳入统一、规范、有序的社会治理结构之中，对于提高广大农村人口的素质可以起到重要作用。

三是国家要制定和出台相关政策，鼓励人才到中小城市（镇）和乡村去就业和工作；同时，把大批优秀的教育资源配置到中小城市（镇）去；还可以利用多种现代化通信手段（包括远程教育手段）来提高中小城市（镇）和乡村的教育水平。

通过上述举措，一方面，可以避免大量的农村人口涌进大城市带来的社会问题，同时，也可以在地区发展上求得适度的平衡；另一方面，大、中、小城市之间发展固有的差异也可以促进经济、产品、技术、人才的流动，能够带来互补性经济发展效果。

总之，在制定总体发展战略时，首先要考虑到农村和农民问题。只有把这个问题解决好，中国的经济发展才会持续和高效，和谐社会才能建立起来。

在我滔滔不绝阐述观点时，范先生一直没有插话。当我的话告一段落的时候，我问范先生，尽管台湾地区没有严峻的农民和农村问题，但台湾南部的乡村和农民在发展方面仍然是台湾经济发展的短板。因此，台湾要想实现经济可持续发展，南部的农民和乡村问题也是应该重视和解决的。

听了我的认识和建议，范先生频频点头称是。这时候，有三三两两的客人进入居酒屋，范先生赶忙站起来迎客并招呼厨师开工，我们也开始点菜，不一会儿，酒菜陆续端上餐桌，小火炉也点燃起来，酒酣耳热，围炉夜话又开始了。

通过范先生的木桶引发的讨论让我十分感慨，也让我想起不同时期的短板。

对于个体或单位来说，认识到短板的负面影响比较容易解决。但是，对于国家和社会来说，想解决短板的负作用不是一件简单的事情。

上一次和范先生以及朋友们谈到中国的短板——农业和农村问题后，又是十多年过去了。当年制约中国发展的短板得到了较大的改善和提升，但还没有从根本上解决。主要原因就是中国农村人口基数太大，而且还有诸多非经济因素的制约。尽管近10多年来，中国城镇化率在不断提升，但与发达国家的水平还有较大差距。城镇化之路依然"路漫漫其修远兮"。

近年来，中央倡导并实施的一系列乡村振兴举措，就是弥补短板的积极作为。或许，再经过10年或20年的努力，这一短板得以弥补。到那时，中国的经济发展才真正算是走上可持续的健康发展之路。

十一、网络经济的神奇长尾

我们的沙龙之所以能够持续十几年时间，除了朋友之间的友情维系外，还有就是邂逅了居酒屋和范先生。多年来，大家有着共同的话题，每一次讨论也不拘一格，形式多样；讨论的话题既有精心准备，也有临时起意，也总会获得令人满意的效果。

记得有一次，我刚一坐下，就向着正在品茶聊天的朋友们故意问道："这个世界上，什么动物的尾巴最长？"

"嗯——猴吧？"

"不对。"

"大象。"

"不对。"

"鲸鱼？"

"也不对。"

"那是什么？"

"长尾鸡。它的尾巴最长可达 5~13 米。"

"噢——"大家好像恍然大悟一般。

"但还有一种动物尾巴比长尾鸡还长，你们知道是什么吗？"我又开始卖关子。没等朋友们回答，我就把手里的一本书亮了出来。

那是 2006 年的平安夜，当我将美国《连线》杂志总编克里斯·安德森的作品——《长尾理论》（*The Long Tail*）推荐给朋友们时，我对所谓网络销售以及网店还知之甚少，甚至有点天方夜谭的感觉。

10 年后的 2016 年平安夜，范先生不经意中提到了在 2006 年的平安夜就"网络销售的未来"进行的讨论。让我始料未及的是，仅仅 10 年时间，在今天中国的城市和乡村，网店以及网络销售已经成为寻常之事。每每想到这 10 年的变化，总会想起一个成语——日新月异。

当初，我推荐大家读这篇文章时，我对作者一无所知，看了简介之后方知，安德森先生的这篇《长尾理论》已经成为当代最有影响力的商业文章之一。从这篇文章问世开始，长尾理论这个词就频频出现在世界各地的会议室和媒体上，成为商务人士讨论的焦点。《长尾理论》发表后，获得了《商业周刊》"Best idea of 2005"奖项，并被《GQ》杂志称为"2006 最重要的创见"。

在读这篇文章之前，我的心中充满疑惑：长尾理论究竟阐述了怎样的一种理念呢？该理论真的能掀起一场革命吗？

在我看了下面这个图示后，我的疑惑渐渐消除了。

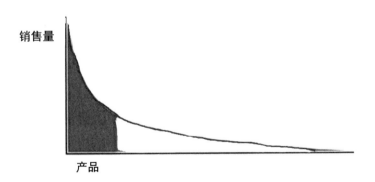

在上图中，黑色部分代表 20% 的热门产品（商品），白色部分代表 80% 的冷门产品（商品），换句话说，冷门产品就是那段长长的尾巴。

类似我们平常使用的汉字，实际上，人们平常使用的汉字并不多，两三千至五六千字之间。正是因为它们被较多地使用，所以，这些为数不多的汉字占据了上图中的黑色区域，而绝大部分汉字难得一用，它们就属于那长长的尾巴。由于互联网的出现，交易成本大幅度降低，商品的摆放空间从有限变为无限，绝大多数的商品变成了那段长尾。

克里斯·安德森在文章中这样表述：只要存储和流通的渠道足够大，需求不旺或销量不佳的产品共同占据的市场份额，可以和那些数量不多的热卖品所占据的市场份额相匹敌甚至更大。

文章中举出了音乐零售商 Rhapsody 网的长尾案例：

图 1 是 Rhapsody 音乐网的月下载量和曲目排名的示意图。曲线下方的面积是排名前 25000 首音乐的月下载量，占总下载量的 1/2 多一点，这些音乐在沃尔玛也有销售。

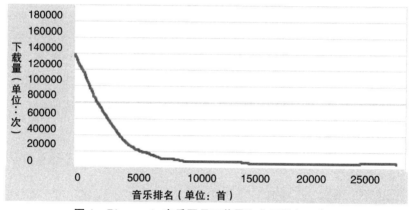

图 1　Rhapsody 音乐网月下载量和曲目排名示意图

图 2 是排名第 2.5 万位至第 10 万位的曲目下载量。曲线下方的面积有着每月 2200 万次的下载量，几乎是总下载量的 1/4，但这些音乐在市场上几乎无法买到。

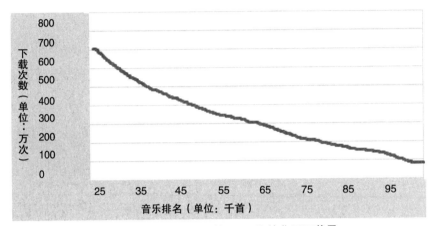

图2　排名第2.5万至第10万位的曲目下载量

图3反映了排名第10万位至第80万位的曲目下载量。曲线下方的面积仍然有每月1600万次的下载量，占总下载量的15%以上。这些音乐绝对在市场找不到，但长尾还在延续。

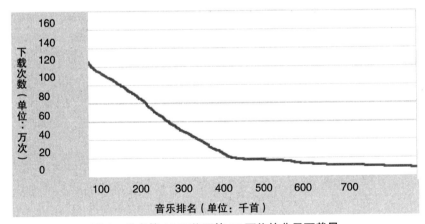

图3　排名第10万位至第80万位的曲目下载量

音乐零售商Rhapsody网的"长尾"案例得出了这样的结论："最大的财富孕育自最小的销售"。货架的空间是有限的，但网络的空间是无限的。可以摆在货架上的仅是相对需要的产品，而世界上的音乐产品有

99%不在音像店的货架上；货架上的商品需要租用成本，而网络商品租用成本接近于零。音乐零售商 Rhapsody 网的核心增长点就是发掘传统的音像销售点根本找不到的产品，而这些根本找不到的产品会带来"长尾"效益，在传统商店里，"长尾效益"通常被人忽视。

再看一下在世界销售排名前五名的沃尔玛和 Rhapsody 网的音乐商品比较（见图4）。

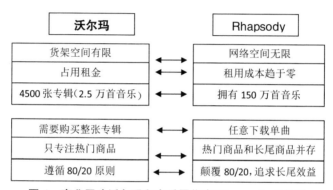

图4 商业巨头沃尔玛和音乐零售商 Rhapsody 的比较

上述两家公司的比较结果，就是长尾制胜的奥秘，也是长尾神奇所在。

长尾理论的提出，是新技术革命（特别是在互联网迅猛发展过程中）在营销领域的一个重要里程碑。互联网技术的发展以及在营销领域的广泛应用，从某种程度上解除了传统经济学方面的很多约束，也为众多厂家和商家提供了更为广阔的思路。

长尾理论能否真正成为一种理论并不重要，重要的是其提供了一种理念，提供了一种崭新的思维模式，提供了一种新的营销方式。

我给大家推荐这篇文章之后，在接下来的一次聚会正式开餐前，范先生特意和我在柜台边的高脚凳上边喝茶边讨论文章中提到的一些观点。

范先生边吸吮着杯中的茶水边说："你曾经和我谈及80/20法则。

80/20 法则告诉我们在传统商业模式下，追求精品客户和高端客户，而长尾理论是一种新的商业模式，提出要重点关注那些被忽视的客户；因为这个群体数量庞大，同样能够带来丰厚的回报。"

我认可这种观点，同时也提出了自己的看法。在两种商业模式并存的情况下，要发挥神奇长尾的魔力还要具备三个条件：① 大量的热卖商品逐渐变成利薄被冷落的商品；② 供大于求的存在和发展；③ 不同种类和规模不等的小市场的存在。只有具备了这几个条件，神奇的长尾才能持续发挥其魔力。

范先生仔细想了一下点了点头。

"或许，将来的某一天，你的居酒屋也可以通过'神奇的长尾'这种方式让更多的人品尝到你的美食！"我大声对范先生说道。

听了我的话，范先生眼里闪现出一种朦朦胧胧的神情，有遐想，也有期待。

最近四五年，范先生已经习惯接受外卖订单，并在销量上有了快速提升。开始时，订单并不多，有时一天还不到 10 单；随着时间的推移，订单量不断提高。2019 年时，每天的订单量可以达到五六十单；新冠疫情期间，门店关门后，网上的订单大幅度提升，平均每天达到七八十单。居酒屋重新开张迎客后，网上的订单量竟然大幅超过了门店的营业额。神奇的长尾帮助范先生渡过了难关——他的笑容重又回到了脸上。

十二、恩格尔描出的贫富线

喜欢中国历史的朋友在阅读从秦汉到民国长达两千年的历史时，会发现这样一种现象：几乎在每个朝代，在大部分历史时期，饥饿如影随形般出现在老百姓的生活中。造成饥饿的原因主要是自然灾害和战乱等因素。在历朝历代的民生辞典中，吃饭问题一直被摆在首要的位置。

在儿时的记忆中，就有过因浪费粮食被父母责罚的例子。有时候，父母还会警告，如果在 1960 年，你这样不珍惜粮食，就等着饿死吧！当时的我，并不知道那个年代究竟发生了什么。长大之后才知道，1960 年曾经发生全国性的大饥荒。

许多年以后，当一些人质疑中国 18 亿亩土地红线政策合理性时，我坚定地对这一政策予以捍卫和支持。

记得，和朋友们在聚会时也偶尔谈及粮食问题。谈的不仅仅是粮食危机，还谈到今天的我们每月消费多少粮食（食品），还因此扯上了一个"歪果仁"。

在几个朋友中，张先生和范先生出生于 20 世纪 60 年代初，我和高先生出生于 20 世纪 60 年代中后期，冯小姐则是 20 世纪 80 年代初的小字辈。

我记得，在多年前的一次聚会上，张先生不知什么原因突然问了大家一个问题："上大学的时候，你们的粮票够用吗？"

我清晰地记得，我上大学的时候，每月粮食供应定额是 27 斤。这对于一个正在长身体、运动量大、肚子里缺少油水的年轻人来说，27

斤供应粮显然是不够的。正因为如此，每学期开学之前，父母都要省吃俭用换一些全国流通粮票让我带上。

在我的记忆里，一般每月都要用掉 45 斤以上粮票，也曾经有超过 50 斤的月份，父母每月寄来的钱几乎都花在吃饭上。

张先生和高先生也有同感，他们差不多每个月要用掉 40 斤以上的粮票。当我们谈论这些的时候，冯小姐像听天书一样在旁边安静地坐着，一脸茫然的样子。

"你们现在每个月能吃多少粮食？"张先生问道。我和高先生相视一笑，想了想："十多斤吧。"冯小姐则说："5 斤左右吧。"

在我们聊这个话题的时候，范先生一直认真地坐在旁边倾听，但感觉他有些云里雾里。他对大陆使用粮票的历史有所耳闻，但并没有太多了解。听到我们的回答后，他插话道："你们现在每个月花在食品上的钱占收入的多少呢？"听了范先生的问话后，我明白了范先生的意思，但我没有马上回答；另外几个朋友听了范先生的问话后，立即安静下来开始心算，不时掰着手指，口中还念念有词。"20% 吧。"张先生率先答道。"我也差不多！"高先生回答。"我大概 10%~15% 吧！"冯小姐答道。

"你们都属于富人！"范先生微笑着说，"我刚才问的内容就是'恩格尔系数'要回答的内容。我也是前几天看了肖先生写的公众号文章，才突发奇想对你们进行一次现场模拟测试。"

听了范先生的话，大家立即把目光全都瞄向我。于是，我就把事情的原委向大家解释了一下，还简要介绍了什么是恩格尔系数。

所谓恩格尔系数，是德国统计学家恩格尔于 1857 年首次提出的。大意是，一个家庭收入越少，在总支出中，用来购买食物的费用所占的比例就越高，这一观点被学界称为"恩格尔定律"。根据恩格尔定律得出的系数被称为"恩格尔系数"。用数学公式表示为：恩格尔系数 = 食物支出额 / 消费总支出。根据这一公式得出的系数从一个侧面反映出生活水平的高低。通常情况下，恩格尔系数越低，生活水平就越高。联合国粮农组织提出了一个划分贫富的标准：恩格尔系数在 59% 以上为绝对贫困，50%~59% 为勉强度日，40%~50% 为小康水平，30%~40% 为富裕，30% 以下为最富裕。

恩格尔系数创立以后被世界绝大多数发达国家广泛使用，并将它作为衡量国家发展水平以及国民贫富的一个重要指标。中国相关部门自 1990 年尝试引入恩格尔系数，也曾发布过中国城乡居民的恩格尔系数相关数据。一段时间以来，一些西方学者在研究了中国恩格尔系数数据变化情况之后，认为中国已经进入发达国家行列。为此，我写了一篇文章驳斥西方一些学者的观点。

第一篇文章发表后，曾引起学界的关注；但围绕中国恩格尔系数的争论并没有消失。接着，我在公众号上又发表了新的文章，再一次指出恩格尔系数失效的根本原因。

我的基本观点是，恩格尔系数在中国之所以"水土不服"并且一次又一次失效的原因并不是恩格尔定律不科学，而是在运用这个舶来品时没有考虑到中国社会的特殊因素和中国经济发展不平衡的实际情况，以及中国人传统消费心理和习惯对恩格尔系数的影响。尽管如此，我依然认同恩格尔的这一伟大发现。只不过，因为中国社会的特殊性必须将具有普遍意义的恩格尔定律与中国实际相结合，才能形成具有中国特色的经济学理论。

几位朋友在听了我的阐述后基本上理解和赞同我的观点。为此，我们又进行了热烈的讨论。大家都相信今天的中国百姓正走在迈向富裕的道路上，只是因为人口基数太大，尽管走在前面的人早已实现了富裕，但还有相当一部分滞留在后面的人群，在走向小康和脱贫的路上。

恩格尔是"歪果仁"，恩格尔系数也是舶来品。中国自 1990 年进入经济快车道后，特别是 2001 年加入 WTO（世界贸易组织）后，进一步和世界融合。一些西方经济学中的理论和做法也被相继引入中国。由于中国社会的特殊性以及经济发展的不平衡，许多舶来品都出现了水土不

服的问题，但这并不代表西方经济学在中国失效，而是要结合中国的具体实际，以及民族特点、历史、文化和习惯等。只有这样，才能做好洋为中用的工作。

为了让读者也能全面了解我的观点和认识，我摘录了部分观点供大家参阅。

中国居民消费的恩格尔系数自1978年以来一直呈下降趋势，特别是近十年尤为显著。

表1　中国城乡居民家庭人均收入及恩格尔系数

年份	农村居民家庭人均纯收入		城镇居民家庭人均可支配收入		农村居民家庭恩格尔系数（%）	城镇居民家庭恩格尔系数（%）
	绝对数（元）	指数(1978=100)	绝对数（元）	指数(1978=100)		
1978	133.6	100.0	343.4	100.0	67.7	57.5
1985	397.6	268.9	739.1	160.4	57.8	53.3
1990	686.3	311.2	1510.2	198.1	58.8	54.2
1995	1577.7	383.7	4283.0	290.3	58.6	50.1
2000	2253.4	483.5	6280.0	383.7	49.1	39.4
2010	5919.01		19109		41.1	35.7
2015	10772.00		31194.8		33.0	29.7
2016	12363.4		33616.2		32.2	29.3
2017	13432.4		36396.2		31.2	28.6
2018	14617		39250.8		30.1	27.7
2019	16020.7		42358.8		30.0	27.6
2020	17131.5		43833.8		32.7	29.2
2021	18931		47412		32.7	28.6
2022	20133		49325		33	29.5

说明：此表由相关研究机构提供。

从表1可以了解中国恩格尔系数的变化情况，正是这些数字的变化为西方一些别用有心的学者提供了口实。

根据上述理论算法，不仅北京被划入富裕生活城市，连中国西部较贫困的省份——宁夏也被划入了富庶地区。自2000年以来，联合国粮农组织依照上述标准，每一年都判断中国已经没有温饱型以下贫困地区，农村全部是小康以上，城市全部是富裕和最富裕城市。

中国多年的经济发展，确实给中国百姓的生活带来了质的飞跃，世界也为之瞩目。但大部分乡村和城镇与理论上的富裕和最富裕还有相当的差距（少数地区和城市除外）。为什么中国城乡实际生活状况与西方测算的结果有如此大的差距呢？是计算出现了失误？还是恩格尔系数在中国失效？

据我了解，在恩格尔系数诞生100多年的时间里，其科学性和有效性在西方国家屡试不爽，正是因为其不俗的表现，才被我国相关部门引入。

恩格尔系数引进中国的初期失效原因主要是"水土不服"。

恩格尔系数诞生的背景正是欧洲资本主义日益走向成熟的时期。由于资本主义在西欧各国的发展，西欧各国的城市化进程非常显著，即使生活在乡村的居民，也基本上以小城镇为基本生活单位，发展程度、生活水平、习惯以及风俗都和中国的情况大相径庭。

恩格尔系数诞生之时，中国正处于封建皇权统治时期，90多年以后，中国才从半殖民地、半封建社会走上社会主义道路。由于意识形态和社会制度不同，平均主义和大锅饭在相当长的时间里成了中国社会的主要分配形式。在这样的形势下，恩格尔系数在中国肯定没有用武之地。

直到20世纪80年代初，中国走上改革开放之路。随着市场经济的导入，中国开始融入世界。西方发达国家先进的技术以及经验被引进，一系列带有浓厚西方色彩的经济学概念也被引进中国。应当承认，这些先进的理念和经验曾经对中国的经济发展起到了很好的借鉴和指导作用。

那么，为什么恩格尔系数在中国"水土不服"呢？

这一切只有和中国的文化、历史、传统以及习惯结合起来分析才能得出正确的结论。

恩格尔系数反映的是食物支出在消费总支出中的比例，以此判断城乡居民的富裕程度。可以肯定，恩格尔系数没有完整地反映中国城市居

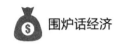

民的真实情况。

这是因为，在中国的传统观念和现实生活中，吃饭的重要性列于首位。在中国的历史中，吃饭是历朝历代统治者放在首位的问题。但吃饭却是有讲究的。一个是吃饱，另一个是吃好。吃饱易，吃好难，且没有止境。而中国人传统上是先吃饱，吃饱后要做的最重要的一件事情是房子。从衣食住行的顺序，不难看出中国人的生活方式。比如穿衣，在中国城乡，无论多么穷困的家庭只要出门或逢重大节庆活动，以及有贵客来访是一定要盛装打扮的。而西方人的消费观念则很多是超前消费和借贷消费，这一行为在大部分中国人眼中和败家子无异。

从全球来看，储蓄率最高的国家是日本和中国。中国人储蓄的目的之一是住房、养老（包括大病）以及防灾。当然，新一代中国人的消费观念也在发生变化，但在中国广大的农村以及一些中小城市，这一传统观念仍然居于重要地位。

所以，造成恩格尔系数在中国"水土不服"的原因，是中国人生活中的一些非经济学因素影响造成的。如果一味套用统计数字和公式，即使使用再先进的计算机也得不出正确的答案。

中国自 20 世纪 80 年代初开始实行改革开放之后，经济呈现快速发展的态势，人民的物质生活水平得到了较大的提高。但不可否认的是，随着中国经济的进一步发展，贫富分化的现象也日渐显现。

尽管食品消费和支出在中国居民的人均收入中呈下降趋势，但由于部分高收入人群的高消费从某种程度上拉高了社会消费的平均数，且食品以外的消费价格相对昂贵，这部分高消费人群在非食品方面的消费掩盖了大多数普通消费人群在这方面消费的严重不足；同时，由于非食品之外的消费严重脱离大众人群的消费忍耐界限，尽管人们在食品上消费下降，但在其他方面也没有出现大量消费。因此，尽管恩格尔系数下降，但并不意味着人们的生活水平和质量就达到了富裕国家的程度。

回溯历史，中国从 20 世纪初开始，在大约 50 年的时间里都处于内忧外患之中；中华人民共和国成立之后，民众的生活水平有所改善。自20世纪80年代初始，特别是20世纪90年代之后，中国城乡居民在住房、教育以及医疗等方面的消费和支出才发生了巨大的变化。由于住房、教育和医疗等在人们日常消费支出中的比重逐年增加，而在其他方面的消费却出现下降趋势，这就是恩格尔系数下降而人们的生活水平还未达到发达国家富裕程度的真正原因。

据统计，目前在中国，有31.8%的购房者月供占月收入的50%以上。2006年，在上海、北京和广州等城市居民收入统计中，对子女的教育费用支出占居民家庭总收入30%以上；农村家庭支出尽管不到50%，但在家庭总收入中却占了最高的比重。近年来，中国居民的医疗费用支出也呈现不断上升趋势，一些城乡居民看不起病，甚至因病致贫和返贫。

为了应对日益高涨的房价、教育和医疗支出，一些城乡居民只有通过降低生活成本来解决上述问题。

由此，可以得出这样一个结论：恩格尔系数的主动下降是中国城乡居民生活水平提高的一个标志，而恩格尔系数的被动下降却是其生活痛苦指数上升的标志。

住房和教育一直是中国百姓追求的主要目标。因此，各级政府和相关部门要在充分认识这一问题的基础上，积极做好安居、教育以及医疗等方面工作。只有在切实解决这些问题的前提下，恩格尔系数才能趋于真实，才能反映中国城乡居民真实的生活状况。

随着中国经济的快速发展，10多年来，中国城乡经济得到了较快发展，百姓生活也有了较大的改善，恩格尔系数也进一步趋于合理。该系数要想真正克服"水土不服"，需要在中国经济和社会发展中逐步解决上述问题。

十三、荣枯线两侧的喜和忧

2023年11月，国家统计局发布数据，中国10月份PMI为49.5，跌破经济"荣枯线"。跌破荣枯线也通常意味着经济进入收缩区间。

第一次在居酒屋和朋友们聊PMI时和此次的情况不同。那一次聊PMI是经济在荣枯线之上接近荣枯线，从而引发国内外对中国经济的担心。正是这个原因，引发我和朋友们关注PMI。

那是一次周末聚会。高先生第一个到达居酒屋。我到居酒屋的时候，看见高先生正坐在柜台边喝茶。我走过去正要打招呼，高先生率先开了口："PMI是什么？"我吃惊地看了一眼高先生，还没等我回答，高先生又道，"最近电视新闻中不断出现PMI这个词，看网上也有一些议论，所以，向您请教一下！"我忙笑着说："您别客气，我先解释一下什么是PMI吧！"

PMI是制造业采购经理指数的英文缩写。它是国际通行的用于判断制造业经济扩张或收缩的数据指标。按照此指数，当PMI指数高于50时，则反映制造业经济处于扩张状态，反之，当PMI指数低于50时，则反映制造业经济处于收缩状态。PMI50线被公认为是经济景气的分水岭和荣枯线。

"从网上看，好像人们对国家经济形势有些担忧。这与PMI有关吗？"高先生问道。为了方便高先生比较全面地认识和理解PMI，我让范先生拿来他的笔记本电脑并打开，进入我的邮箱后，我找出刚刚写就的一篇文章给他看。文章的名字就叫《跌破"荣枯线"的PMI》。文章内容节选如下：

国家统计局刚刚发布 2012 年 8 月份（PMI）中国制造业采购经理指数为 49.2，而 6 月份和 7 月份分别为 50.2 和 50.1。这是自今年 4 月以来（4 月份 PMI 为 53.3）的最低点，也是自 2010 年以来的最低点。

此数据一出，在国际上引起一片哗然之声。之所以如此，就是因为 8 月份 PMI 数据快速下滑跌破荣枯线（50）引起的。

难道持续多年的中国经济奇迹真的要终结了吗？国际媒体发出这样的疑问。更有经济学家预测，"今年 GDP 增长 7.5 的目标恐难实现"，"中国将永别两位数的经济增长"。根据此前汇丰公布的 8 月份中国制造业 PMI 的数据，只有 47.8，比国家统计局公布的还要低。

8 月份 PMI 数据以及国内外媒体的舆论也引发我的关注。

众所周知，PMI 是通过对企业采购经理的月度调查结果进行统计汇总编制而形成的数据，它涵盖企业采购、生产、流通等各环节，是国际上通用的监测宏观经济运行走势的先行性指数之一，具有较强的预测和预警作用。PMI 三年来首度跌破荣枯线确实给国家的经济运行敲响了警钟，特别是从 7 月份开始的快速下滑势头。

中国经济增长多年以来主要靠"三驾马车"拉动。而在"三驾马车"中，占有较大比例的增长极是出口，这一比例曾经高达 40% 左右。中国自 20 世纪 90 年代以来，外贸出口势头强劲，并在进入 21 世纪之后成为世界第一出口大国，外汇储备也于 21 世纪初跃居世界第一位。在 GDP 增长占比中，投资拉动也占有相当重要的位置。相比较投资和外贸出口，国内消费所占比例并不突出，且增长缓慢。

自 2007 年美国金融危机引发世界性经济危机之后，美国经济一直处于缓慢复苏状态，国内失业率上升，需求放缓，欧洲经济也一直在底部徘徊阶段。进入 2011 年以后，由于欧洲四国国家债务的影响，导致金融市场动荡，经济整体衰退。在这样的情况下，美欧订单大量减少，导致中国以及以出口为主的制造业遭受重创（这一影响从目前来看没有减弱的迹象）；同时，由于工人工资上涨过快，压缩了制造业的利润空间，致使制造业持续处于萎缩状态；国内投资也面临无法持续的局面。自 2007 年金融危机爆发，中国推出 4 万亿刺激计划之后，经济得以走出低谷并快速复苏，但其负面效应也逐渐显现。其带来的最明显的负面效应就是，产能过剩（例如，钢铁业），投资效率低下，大批重大项目和工程盲目上马，导致许多在建工程停建和无后续资金续建，从而形成大量遗留问题。正是因为这些问题的存在，使政府在推出新一轮经济刺激计划时心有余悸。

我认为，目前政府不宜再推出新的经济刺激计划，否则无异于饮鸩止渴。剩下的一个经济增长极就是消费。尽管各级政府以及有识之士一直以来都在积极倡导要拉动消费（特别是国内消费），但却始终没有明显的效果。面对在 GDP 中仅占 35% 左右比例的国内消费，一方面反映国内市场潜力巨大，另一方面又显现国内消费长期疲软。

针对这一状况，国内许多人士开出了药方。但这些药方要么是远水解不了近渴，要么是空谈，对当下的经济大势基本无补。

10 多年以来，我也多次撰文围绕中国宏观经济提出了一些看法和建议。尽管人微言轻，但站在当下的大环境中，有些意见和建议属于良药苦口，对决策者制定下一步经济发展的政策或许能够起到一定的参考作用。

第一，我认为 2012 年的 GDP 目标确定相对合理（7.5%），但还应该更趋合理。在未来相当长的时间里（或许 15~30 年）保持 5.5%~7% 的经济增速（即我曾经提出的中速增长建议）是必要的。在放缓经济增速的同时，应着眼经济增长的质量（特别是绿色 GDP 数值）。在全球经济增速放缓的情况下，中国应利用这一机会，调整产业结构和经济增长方式。尽管有时候经济刺激是必要的，但遵循其内在的规律，顺应其经济发展周期，依靠市场的力量来调节和理顺各产业之间的关系是十分必要的，也是切实可行的。从中国贸易总量上看，数字已经十分庞大，增长空间已经相对有限，且我认为在未来的发展中，还应该出现一段时间的负增长，未来出口的主要工作应该放在提高外贸产品档次和质量以及培养国内知名品牌等方面。第二，在国家及地方政府投资乏力以及放缓的前提下，要想方设法吸引民间资本。这就要求中国政府要改变"国进民退"的现状，在许多领域开放和鼓励民间投资。从长期来看，未来投资的主体在民间资本；第三，解决内需问题不是一蹴而就的事情，应该从国家顶层设计上逐步解决。其中，加快推行城镇化是一个重要和长期的政策措施；第四，完善社会保障力度，消除民众的后顾之忧；第五，培育市场，加大商业和商品流通创新，刺激民众的消费热情也是必要的手段。实际上，国内消费提高10%～20%就能有效填补外贸滑坡以及投资不足的问题（即使消费提高10%或20%，消费也只占国内GDP的45%～55%，这一切和西方发达国家相比依然有差距）。总之，消费问题不是一个简单的商品买卖问题，它与城乡消费习惯、城乡民众意识、文化教育程度等多种因素密切相关，这需要政府以及相关机构对此做长期深入的研究和推动。

总之，PMI跌破荣枯线是一个信号，GDP经济增速放缓也将成为现实。在放缓的经济发展中，会给社会和民众带来一些负面影响。政府要做一些积极有效的工作：首先，减税是最好的办法，也是最有效的办法；其次，提高经济自由度，减少政府干预是经济走向复苏的必要步骤。从某种角度上看，经济放缓或许会给有准备和有视野的企业界和经济界人士提供一个发展的良机。

"你是否认为，PMI跌破荣枯线就预示着经济进入下行通道？"范先生看完文章插话道。

看到居酒屋里已没有其他客人，我稍大声说道："PMI连续几个月位于荣枯线以下就预示着宏观经济进入下行通道，至少代表经济不振。在这种情况下，我老调重弹，希望借此机会进行经济结构和经济增长方式的调整以及启动和扩大内需工作。尽管会带来阵痛，但对于国家宏观经济健康可持续发展肯定是有利的。"

在那一次聊天中，正是 PMI 接近荣枯线之时，我的建议是利用这一时机进行经济结构的调整适时启动和扩大内需。而这一次，在 PMI 跌入荣枯线之下时，我的看法是，疫情的影响仍未消除，民营企业家信心有待恢复，域外冲突仍在继续，内外因素都对中国经济的复苏具有负面影响；经济发展的不确定性持续增加，复苏压力加大。

但也应该看到，自 2023 年春以来，政府一直在出台减税降费的政策措施，也相继出台了一些财政和金融政策。减税降费政策已经起到一定的作用，但有关政策对实体经济的正面影响还待显现。

我的观点是，既然中国经济已经走上中速增长之路，"3060"目标也要求国家宏观经济走绿色发展之路。在这样的大背景下，中国只要抓住民生这个纲，稳定就业，不求一城一地的得失，稳定外贸，扩大内需，中国经济的未来可期。

十四、暮春里的经济学故事

　　2023 年五一小长假尚未结束，冯小姐就在微信群中嚷嚷着要聚一次，美其名曰：告别春天。看到微信中关于告别春天的建议，我下意识地翻看了一下日历，5 月 3 日，离立夏仅有几天的时间。我正在犹豫如何回复之时，张先生已经率先回了微信，说他正在从老家回京的途中。张先生建议 5 月 4 日大家聚一下。高先生假期没有出门，看到冯小姐和张先生的建议，立即表示同意并提议聚会地点改为范先生在温榆河边的别墅。范先生看到建议后也满口答应。五一期间，我在淮河边小住，看到聚会通知后，也只好将原本已订好的高铁票改签在 5 月 3 日。

　　5 月 4 日，暮春的上午，我 10 点钟准时赶到范先生家。推开院门，就看见范先生在院中立起一柄巨大的遮阳伞，桌椅已经摆放齐整。

　　坐在伞下，脚下是绿茸茸的草坪，院中柿树的树冠已经和别墅二楼相齐。抬头仰望，白云悠然，春光清明；一墙之外的温榆河岸绿涛阵阵，鸟语啾啾。

　　张先生最后一个到，刚坐下就对冯小姐戏谑道："你准备怎样告别春天呀？"大家听张先生开腔后也七嘴八舌附和了一番。冯小姐没有想到大家会打趣她，一时无语，只好跑到屋里拿来一瓶红酒和几个酒杯，打开后非常恭敬地给每个人斟上酒，然后安静地坐在一旁将目光望向张先生。

　　张先生显然读懂了冯小姐的目光，他举起酒杯，道："既然将这次聚会命名为'告别春天'，我建议在座的每一个人都讲一个在春天里发

生的故事，以此来欢送春天！"听到张先生的建议，大家都觉得有意思，纷纷赞同，然后又不约而同地把目光落在了张先生的身上。

"那我就先抛砖引玉吧！"张先生放下酒杯说道，"故事要从今年的清明节说起。清明节期间，我回乡祭祖。大哥一家已经从乡下搬进城里居住，我就在大哥家借住了几天。进出小区几次后，我发现在小区大门口的马路边停着一辆黑色奥迪轿车，起初我以为也是回乡祭祖人的车辆，但几天过去，假期快结束了，车仍然没有开走，车体表面已落上了薄薄的灰尘；直到我4月6日离开时，该车仍然没有挪动。我还特别打量了一下，车辆外观完好，八九成新，只是没有车牌。前几天，也就是4月30日，我再回老家时发现，这辆车仍然停在原地，没有任何破损，只是车身上落满了厚厚的尘土、树枝和树叶。我非常奇怪，问了一下大哥，大哥也不知道什么原因。5月1日早晨，我出门时，忽然发现汽车侧面的玻璃被人砸破了，一些闲人正围着汽车指手画脚。我大略看了一下，显而易见，砸玻璃的人偷走了车里的东西。5月2日早晨，我出门溜达时，看见那辆被砸破玻璃的汽车四门大开，四个车轮已经被人卸走了，等我中午回来时，汽车的四个门也被人卸走了，原本八九成新的汽车此时只剩下空空的车架。昨天早上我回京时，瞥了一眼停车的地方，那个只剩下车架的汽车也没有了，估计夜里被人偷走了。你们听了我讲的故事可能会觉得奇怪，你讲这个故事是什么意思呢？我的意思就是，这辆汽车曾经在那个地方安稳地停了一个月时间，为何在玻璃窗被打碎之后一两天里就被人洗劫一空，以至于消失得无影无踪呢？"

听了张先生的问话，几个朋友顿时面面相觑。张先生显然并不急于道出故事的谜底，他端起酒杯轻轻摇晃着，过了一两分钟，他转过身来将目光瞄向我，示意我道出答案。

我放下酒杯，想了一下，道："张先生讲的故事可以从犯罪学方面解释。故事说明了这样一个道理：如果环境中的不良现象被放任存在，就会诱发他人仿效，甚至变本加厉。这就是著名的'破窗理论'的翻版。

类似这种现象在生活和工作中比比皆是。古人所说的防微杜渐以及千里之堤溃于蚁穴也是这个道理；对于经济管理来说，也是如此。"

听了我的解释后，大家又七嘴八舌议论了一番。

"我也讲一个故事吧！"冯小姐调皮地举手示意道，"讲一个我身边的故事。你们都知道，10多年前，我和闺蜜等几个朋友共同创办了一家出版公司，公司的管理主要由闺蜜负责。我那个闺蜜前几年英年早逝，总经理的位置空了下来，后来董事会决定将一个编辑室主任提拔起来当总经理。这个编辑室主任多年来兢兢业业，从一个普通的编辑做到编辑室副主任，又升至主任。此人业务能力强，人缘好，是一个十分称职的编辑室主任。正因如此，大家才一致推选他担任公司总经理。可是，自从他担任公司总经理后，公司业务就开始处于下行状态，效益连年下降，而他也疲于奔命，疲惫不堪。虽然公司给他配备了多个助手，但效益始终未现转机。前段时间他已经向董事会提交了辞呈。我也有些不明白，为何一家曾经在出版界风光一时的公司在换了总经理之后这么快就陷入困境了呢？"

冯小姐的话音刚落，没等其他人吱声，范先生说道："这是'彼得原理'的又一例证。肖先生，请你给大家说一下什么是彼得原理吧！"

"彼得原理是美国学者劳伦斯·彼得率先发现的。他在研究中注意到，在各种组织中，因习惯于对在某个等级中称职的人员进行晋升提拔，因而雇员总是趋向于被晋升到其不称职的地位。这一理论又被称为"向上爬"理论。这种现象在现实生活中无处不在。一名汽车售票员表现优秀被提拔到领导岗位，一位称职的教授被提拔为校长，一名优秀的运动员被提拔为体育官员等。对一个组织而言，一旦被提拔起来的人不称职，就会造成人浮于事，效率低下，给组织带来损失。冯小姐讲的这个故事恰恰就是彼得原理的现实版案例。"

范先生听完我的解释，举起杯在大家面前晃了晃，却没有把酒倒进嘴里，而是将酒倒进旁边的泔水桶里。大家看到这一幕以为范先生喝

醉了，但从范先生言行举止看并无一点醉意。看到大家都盯着他，范先生似乎早有准备地问道："这么好的酒倒进泔水桶中，酒还能喝吗？肯定不能喝了。反过来，我如果从泔水桶中舀出一匙污水倒进这瓶红酒中，红酒还能喝吗？恐怕也不能喝了。什么原因呢？原因就在于污水。这也是管理学中有趣的定律——'酒和污水定律'，也是我今天要讲的故事。"

范先生似乎有些意犹未尽，又接着说道，"中国民间有一粒老鼠屎坏了一锅汤的谚语，国外也有所谓烂苹果之说。因此，在任何组织中，要警惕和剔除极少数的小人，要将污水清理掉。"

"在生活和工作中，不仅要清理污水和小人，还要限制庸才。如果庸才上位，或者将重要的事交到庸才手上，也会贻误时机。"高先生突然接过话题说道，"你们刚才讲的故事中都有原理可寻，我刚才举的庸人的例子，也包含着原理。你们都知道'马太效应'中就暗含着限制庸才的意味。尽管《圣经》故事中的第三个仆人是个老实人，但从某种程度上说也是一个庸人；最后，国王将第三个仆人手中的银子全部赏给第一个仆人是在鼓励先进，鼓励创新。"

"我同意你的观点！"我接过高先生的话说道，"在今天的环境下，你不发展，别人仍然会前进，你站在原地不动，似乎没有退步，但和发展的人相比，也是一种变相的退步！"

不知不觉中，太阳已经西斜，阳光也变得柔和起来。范先生将遮阳伞收拢，头顶上蔚蓝的天幕顿时显露出来。再过几天，2023年的春天就要远行了。只不过，在这个春天里听到的故事，还会继续在耳边萦绕下去。

十五、刘易斯跑不动了

张先生和范先生都是体育节目的忠实观众，又都喜欢田径。他们谈起国内外著名的田径运动员如数家珍，对明星运动员的个人情况更是信手拈来。

2021 年东京奥运会举行期间，两位先生只要有田径比赛就一定会相约居酒屋，一边喝着小酒一边津津有味地点评。中国运动员苏炳添的成绩令他们兴奋不已。就在 100 米决赛当天，他们打电话约我共同到居酒屋观看比赛。尽管最终苏炳添没有获得奖牌，但"亚洲第一飞人"的成绩已经让两人欣喜不已。

不知从何时起，他们谈到了刘易斯——1997 年宣布退役的美国田径运动员。刘易斯在其职业生涯中，在奥运会和世锦赛上共获得 17 枚金牌、2 枚银牌和 1 枚铜牌，13 次打破 100 米、200 米及跳远的世界纪录。在张先生和范先生的眼中，刘易斯是一个奇迹，也是田径英雄。

"刘易斯今年也应该 60 岁啦！"张先生感叹道，"60 岁的人肯定早就跑不动了！"

"是啊，如果有伤，可能还要挂拐杖呢！"范先生附和道。看着他俩你一言我一语的样子，我打趣地插话道："你们的'刘易斯'跑不动了，我的'刘易斯'也跑不动了！"

"你的刘易斯？"他们几乎同时发出疑问。

"是的，你们的刘易斯是田径运动员，跑不动了，我的刘易斯是'经济运动员'，也跑不动了！"

"经济运动员？给我们说一说你的经济运动员刘易斯呗！"

我哈哈大笑起来，打趣道："你们的田径运动员刘易斯全名是 Carl Lewis，我的经济运动员的名字叫 W.A.Lewis（刘易斯），是一位英国经济学家。1954 年，他首先提出'二元经济结构理论'。这个理论出自他的论文——《劳动无限供给条件下的经济发展》。在这篇论文中，他阐述了'两个部门结构发展模型'的概念，揭示了发展中国家并存着的传统自给自足的农业经济体系和城市现代工业体系两种不同的经济体系，这两种体系构成了'二元经济结构'"。

这个二元经济结构要表达的意思就是，由于传统农业部门人口过剩，耕地数量有限，生产技术又很难得到根本性提高，产量在达到一定数量后基本上不再增加。因此，每增加一个人增加的产量几乎为零，也就是我们以前谈到的，农业生产中的边际生产率趋于零，甚至是负数。这些过剩的劳动力被称为"零值劳动人口"。正是由于大量零值劳动人口的存在，才导致发展中国家经济发展水平长期处于低水平，造成城乡差距。在现代工业体系中，生产规模的扩大和生产速度的提高往往超过人口的增长，劳动边际生产率高于农业部门的生产边际生产率，工资水平也略高于农业生产部门。所以，可以从农业部门吸引农业剩余劳动力。只要工业部门支付的劳动力价格比农业部门略高，农业剩余劳动力就会选择到工业部门去工作。农业剩余劳动力是廉价的，工业部门也可以支付较少的劳动报酬，并将更多资本投入扩大再生产，如此循环下去又可以吸收更多的农业剩余劳动力到工业部门中去，形成一个良性循环过程，促使农业剩余劳动力向非农领域转移，使二元经济结构逐步消减。这是发展中国家摆脱贫困走向富裕的唯一道路。

刘易斯的这一理论推出之后，后又经几位经济学家修正、补充和发展，成为一种经典的解决二元经济结构的模型。

停顿了一下，我继续解释说，你们都应该对中国 40 年的经济发展有比较清楚的认识。中国曾经是典型的二元经济结构社会，农村人口占中国总人口的80%以上。在中华人民共和国成立之后的二三十年时间里，城市和乡村是两大经济运行体系，也曾经出现将城市人口以某种形式迁往农村和边疆的时期（例如，"支边"和上山下乡运动）。中国进入到20世纪80年代后，随着改革开放政策的实施，大量的农村人口从有限的土地上解放出来，而城市随着经济的不断发展以及乡镇企业和混合经济的不断发展，对劳动力的需求不断增加，从而促使大量农村劳动力进入城市成为农民工。廉价的劳动力促进了城市经济的快速发展。从20世纪90年代开始，农村人口大规模涌入城市，成为拉动中国经济快速发展的重要力量。

20年的经济快速发展如同田径运动员刘易斯一样在中国经济发展过程中不断创造奇迹，夺得一个又一个冠军，也验证了经济学家刘易斯的理论。

从2010年前后开始，在一些城市，特别是珠江三角洲和长江三角洲地区，开始出现招工难。招工难并不是因为劳动力减少了，你只要从大量空心村的存在就知道大批的农村青壮劳动力都进入了城市。但为何出现招工难呢？主要原因就是刘易斯跑不动了。在术语上叫作"刘易斯拐点"来了。之所以出现刘易斯拐点，是因为廉价劳动力带来的经济增长红利在逐渐消失，单凭廉价劳动力推动经济发展已是强弩之末。刘易斯老了，累了，也跑不动了，拐点自然也到来了。简单地说，这个拐点就是曾经充裕的廉价劳动力的拐点。

"噢——，你说的刘易斯跑不动了指的就是这个！"张先生恍然大悟，紧接着问道，"那么，中国经济到了刘易斯拐点是好事还是坏事呢？"

"任何事情都有其两面性，刘易斯拐点的到来也是如此。中国经济进入刘易斯拐点是国民经济发展的必然。这个拐点的到来一方面说明了中国经济的快速发展，另一方面也说明了国民收入在不断提高，廉价劳动力时代已经进入尾声。从发展的角度来看，中国刘易斯拐点的到来既不是坏事也不是好事，只是一种必然——中国经济快速发展的必然。"

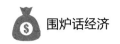

"那么，如何应对刘易斯拐点的到来呢？"范先生插话道。

2009 年时，就有专家"警告"刘易斯拐点已经出现，但当时并未引起更多的重视。进入 2010 年以后，特别是 2015 年之后，拐点已经十分显著。尽管在一些领域，人口红利还在继续发挥作用，但总体来说，普遍红利的时代已经结束。

针对如何应对刘易斯拐点到来的挑战，我的观点是：创新驱动和科技进步。具体建议有以下六点：

一是通过大力发展现代特色农业吸纳更多农村剩余劳动力，出台相应政策措施吸引外出务工人员回乡创业，拉长农业产业链，提高农业产业吸纳剩余劳动力的能力。

二是尽管许多省市自治区相继出台了农村人口在城市落户政策，但相应的配套措施仍有待完善，在就业以及"双保障"方面尚有较大差距，这很容易形成城市内部的"新二元结构"。因此，需要加强这方面的工作。

三是促进经济产业升级，推动农业方面的科技进步。

四是加大技能培训力度，完善城乡技能培训工作，对农村低技能劳动力定期进行培训指导。

五是利用网络技术，加大远程培训和教育力度，提高培训质量。

六是推动农村集体土地的市场化运作，为农村剩余劳动力提供平等的选择权利。

我以上的建议或许不能解决刘易斯拐点带来的所有问题，但可以肯定的是，一些问题的存在正是刘易斯拐点出现带来的。进入城市的农村劳动力尽管收入提高了，但城市不断升高的生活成本，特别是高昂的房价，使这些人在城市扎下根的希望渺茫。对于绝大多数进入城市的农村劳动力来说，进入中小城市或者回归家乡附近中小城市生活和就业是更好的选择。对于这部分人群的回归，我个人觉得，许多地方政府还没有做好准备。尽管很多地方政府出台了落户等政策，但只落户却没有就业岗位是不可能留住返乡劳动力的。政府应该切实做好留住返乡劳动力的工作，特别是就业。只有这样，刘易斯拐点的到来才不会给中国经济的发展带来负面影响。抓住这一机遇，反而可以促进中国经济升级换代，促进中小城市经济发展，也可以从某种程度上促进中国土地政策的适度改变。

听了我的介绍，张、范二人频频点头。我说："你们的刘易斯跑不动了，我的刘易斯也跑不动了。跑不动了，拐点也就来了。但拐点来了，并不等于一切都结束了。在我看来，刘易斯拐点来了，一个新时代也开启了。西方资本主义国家通过'圈地运动'和'羊吃人'的手段完成了城市化和工业化，还有一些发展中国家由于没有解决好农村人口流入城市问题，最后出现了严重的大城市病，让一部分进入城市的农村人口陷入另外一种贫困。这是今天的中国要着力避免的。"

"你说得很对！我老家的两个侄儿进城之后，现在也有了工作，算是在城里安顿下来了！我和我大哥也放心了！"张先生感叹道，然后端起酒杯和我以及范先生分别碰了一下。

荧屏上的日本东京奥运会赛事还在激烈地进行着。我们的讨论从体育转到经济上，又从经济转到其他话题上。环视了一下居酒屋中熙熙攘攘的顾客，我们又一次举起酒杯碰了一下。

"只要全心全意抓经济，再过十年，中国一定会是另外一番景象！"张先生感叹道。

"我还希望海峡两岸和平发展，台湾远离'台独'，两岸加强政治和经济交流，一定能共同繁荣和发展！"我接着张先生的话补充道。

听了我的话，范先生端起酒杯和我碰了一下，然后将杯中的酒一饮而尽。

"张先生，你都已经退休了，怎么还这样关心国家发展？"我拍了拍张先生的手打趣道。

"'为什么我的眼里常含泪水？因为我对这土地爱得深沉……'我们这一代人就是这样！"张先生诵读完艾青的诗后将头转向另外一个方向。在他转头的瞬间，我看见了他眼角闪烁着晶莹的泪光。

第三篇　茶音：年轮中的宏观经济

一、重要的经济节点

节点是一个比较抽象和应用广泛的名词，通常指某个大环境中的一个点或者一个基本单位，用在时间上指事情发生重大变化的时间点。

20 世纪最后 10 年到 21 世纪的前 20 年，是中国经济快速发展阶段。在这个阶段，可以罗列出许多节点。有些节点是重要的，例如，1997 年爆发的亚洲金融危机，刚刚回归祖国的亚洲金融中心——香港险遭攻陷；2001 年 12 月 11 日，中国加入世界贸易组织（WTO）；2003 年春，"非典"肆虐；2004 年，中国大陆进出口贸易总额突破 1 万亿美元等。

这些节点如同经济长河中醒目的航标，既是标识，也是记忆。有些节点离今天的人们渐行渐远，影像已渐渐模糊；有些节点尽管正在走远，但位置非常重要，如果将其忽略或者遗漏就会让人对整个经济发展进程有残缺和不完整的感觉。因此，我在讲述这一时期的经济故事时必须将其保留下来。循着这些节点出发一路向前，大家会发现大大小小的节点将岁月联结在一起，串成了 15 年国家经济生活中闪亮的标识，这些标识共同构成这些年国家宏观经济的基本框架。

第一个节点是 2008 年。2008 年对于中国来说是不平凡的一年。这一年，北京举行了夏季奥运会，圆了中国人百年奥运梦想；这一年，中国南方遭遇了百年不遇的雪灾，四川汶川发生了大地震；这一年，还是中国改革开放 30 周年；也是这一年，由美国次贷危机引发的国际金融危机席卷全球并波及中国，对中国经济产生重大影响。重要的节点从此确立，之所以称其重要，体现在五个方面：

第一，进入新世纪后的最严峻挑战

从 1997 年开始的 10 年，从亚洲金融危机消散后一路走来，似乎没有更大的挑战。进入 2007 年，CPI 指数的变化开始引起各级政府和专家学者的关注。

根据国家统计局相关数据，2007 年，中国 GDP 增长 11.4%（后来修改为 11.9%），成为 1994 年以来中国 GDP 最高增幅；2007 年，CPI 同比上升 4.8%；进入 2008 年以后（实际上自 2007 年下半年，CPI 就一直居高不下，其中 2007 年 11 月，同比上涨 6.9%，同年 12 月，CPI 上涨 6.5%），CPI 指数呈加速上涨趋势；2008 年 1 月，CPI 指数推高至 7.1%，创 1997 年以来月度新高；到 2008 年 3 月末，CPI 上涨至 8.3%；2008 年 4 月，CPI 更高达 8.5%；2008 年前 4 个月的 CPI 同比上涨 8.2%。

一般说来，当 CPI>3% 的增幅时，称之为通货膨胀；当 CPI>5% 的增幅时，就被看作是严重通胀。食品、肉类等大众生活必需品价格的上涨，已经使普通民众感觉到了物价上涨带来的负面影响。

此外，自 2007 年下半年以来，全球范围内食品粮食短缺，从而推动全球粮食、食品价格上涨，而且涨幅超过 150%。全球能源价格，特别是石油价格节节攀升，煤炭价格也同步上涨，从而造成国际原材料价格和初级产品价格上涨。所有这一切都预示着中国的 CPI 指数在短期内回落的可能性很小。

综合上述因素，得出结论：2008 年的中国面对 10 年来最严峻的经济挑战，其影响远远超过 1997 年的亚洲金融危机和其他经济危机。

第二，奥运经济谢幕

2008 年 8 月 24 日，在北京国家体育场燃烧了 16 天的奥运火炬缓缓熄灭，第 29 届奥林匹克夏季运动会宣告结束。

从 2001 年 7 月 13 日北京获得第 29 届奥林匹克运动会举办权后的 7 年，中国的经济发展与奥运紧密地联系在一起。

北京筹办奥运会的 7 年也是中国经济快速发展的 7 年。在这 7 年中，中国加入世界贸易组织（WTO）并且顺利地结束了过渡期。中国加入世贸组织，使中国的外向型经济有了长足的发展。在中国筹办奥运会并伴随国家经济快速增长之时，一个名词悄然诞生：奥运经济。

有专家统计，自 1984 年美国洛杉矶奥运会开始，每一届奥运会都给举办国带来了巨大的经济和社会效益。特别是汉城奥运会，对促进韩国经济跃上新台阶起到了巨大的推动作用。这一切都为中国期望的奥运经济埋下了伏笔。特别是自 2007 年上半年开始，股市的异常火爆更为众多的投资者描绘了跨入 2008 年达到 "8002" 点的诱人前景。似乎奥运经济带来的效应和梦想已经提前显现，让国人兴奋异常。

但随着美国次贷危机的爆发和持续发酵，其负面影响开始波及中国。2007 年中，通胀开始累积并扩散，随之，中国股市也大幅回落。中国自 2007 年底开始治理通胀，经过半年多的努力，CPI 指数有所回落，但 PPI 指数却仍在上涨。由于财政以及货币政策的影响，国内经济从 2008 年上半年开始放缓。

第三，全球经济陷入衰退

2008 年 9 月 15 日，又一枚经济炸弹在纽约华尔街引爆。位列美国投行第四位的雷曼兄弟申请破产；几乎同时，名列第三位的美林证券以约 440 亿美元的价格出售给美国银行。如果加上几个月前被摩根大通收购的排名第五位的贝尔斯登，美国原五大投行再少两行，折损过半。

美联储前主席格林斯潘在接受记者采访时表示，美国遭遇到百年一遇的金融危机，将有更多大型金融机构在这场危机中倒下。也有专家认为，本次经济危机将超过 1929 年的经济危机。1929 年的经济危机曾将世界经济拖入低谷数年之久，并以该次危机为诱因，德国纳粹党上台，最终第二次世界大战爆发。

随着雷曼兄弟公司申请破产的消息传出，"黑色星期一"顿时笼罩了美欧股市。美国道琼斯跌 500 点，创 "9·11" 以来最大跌幅，伦敦股市跌 3.9%，巴黎股市跌 3.7%，德国股市跌 2.7%，日本股市跌 4.8%；韩国股市跌 6.2%，其间被迫暂停交易。由于中秋假期而休市的中国 A 股市场周一幸免，但周二（9 月 16 日）开市不久即跌破 2000 点关口；中国香港股市也出现大幅下跌，亚洲其他股市无一幸免。

综合各种数据可以判定，美国经济步入衰退。中国宏观经济情况又如何呢？

自 2007 年中期开始，CPI 指数一路攀升，导致国内通胀压力加大。尽管政府采取了一系列调控政策和措施，但成效并不明显。随着美国次贷危机对全球经济影响的加大，中国经济受其影响在所难免。由于其他因素的影响，国内通胀压力依然很大。

当年（2008 年）有专家预测，中国经济或在未来一个较长时间内（2~3 年），GDP 增幅将从 11.9% 降至 10% 以内，并有可能降至 8% ~ 9%。

第四，共振效应的出现

"共振"原是物理学上的一个名词，将其引入经济学范畴同样具有现实意义。

自 2007 年上半年开始，由美国次贷危机引发的金融危机先是在美国发酵，随即蔓延至欧亚乃至全球。随着美国前五大投行损失过半，全球经济出现巨大恐慌，共振效应显现。伴随着共振效应的不断加深，经济衰退的阴影已经笼罩全球。2008 年 9 月 17 日，世界货币基金组织（IMF）主席多米尼克·斯特劳斯·卡恩警告说，由于美国的金融动荡，将使 2008 年的全球经济下降 4%；他同时认为，全球经济会在 2009 年逐步恢复增长。

在共振效应下，中国经济能独善其身吗？

如果以 1978 年作为中国经济步入正轨的元年计算，到 2008 年已经过去 30 年时间。在这 30 年里，中国经济以世人瞩目的速度发展。与此同时，世界经济经历了三次较大的危机。其中 20 世纪 80 年代初期经济衰退，由于当时的中国经济基本上与外界隔绝而没有受到影响；20 世纪 90 年代后期的亚洲金融危机，中国在与世界有限接触的情况下，通过财政、内需等政策成功躲过一劫；随着中国在 21 世纪和世界经济的逐步融合，面对世界经济 30 年来的第三次危机将无法躲避。

应该说，中国改革开放 30 年来还未遭遇过一次这样的国际金融危机，而此次共振效应带来的经济危机才是真正意义上的一次危机。

第五，改革开放 30 年

2008 年 12 月 18 日，对于世界来说或许是个平凡的日子，但它对于中国百姓来说，其意义或许仅次于 10 月 1 日。它是中国改革开放 30 周年纪念日。正是从 30 年前的这一天开始，中国进入了现当代史以来

最为辉煌的历史性时期。

在 30 年的发展历程中，中国经济经历了从名不见经传到世界瞩目的辉煌过程。截至 2007 年底，中国的 GDP 总额已位居世界前列，进出口总额已跃居世界前三位，外汇储备已位列世界第一。在 30 年的时间里，中国经济的增长率在大多数年份都以两位数以上的速度递增，这在世界历史上也极为罕见。

30 年的发展，使中国城乡面貌和中国人的精神面貌焕然一新，中国人的思想和意识也发生了根本性的改变。尽管发展过程中，也出现了诸多问题。这些问题的存在要求中国在取得经济成就的同时，着力推动中国的经济和社会向更高层次迈进。

站在 30 年改革开放带来巨大经济成功的新起点上，中国人有理由欢呼，也有理由骄傲，但更有理由反思和警醒。因为，中国经济正处在 30 年来重要发展节点上，这是一个历史的节点，也是一个经济的节点。

随着国际金融危机的蔓延，以及金融危机向实体经济扩散日甚，不论是世界，还是中国，不论是政治家，还是经济界人士，都意识到了这样一个事实：世界经济正面临着百年以来最严峻的挑战。

对于中国来说，中国经济也面临 30 年来最严峻的挑战。中国的改革始于农村，随着农村生产承包责任制的推广，广大的农村解决了吃饭的问题。随之进行的城市经济改革也在开展，外向型经济和个体私营经济的发展为中国改革开放初期的经济注入了新鲜活力，从而推动了中国经济的发展。中国外向型经济的发展，更是成为推动中国经济快速发展的重要引擎；而世界近 30 年来相对和平的外部环境以及世界发达国家产业升级换代和转移也给中国的经济发展提供了良好的外部条件。各种因素的汇集和叠加促成了中国经济今日的局面，也为中国经济未来发展奠定了良好的基础。

在成绩和赞誉面前，也不能掩盖自身存在的问题。一方面，尽管中国广大的农村解决了温饱问题，但随着中国社会和经济进一步向前发展，中国农村发展的现状已经不能满足未来中国发展之需。因此，要采取积极和有效的措施，争取用 10 年左右的时间来解决这一问题，使之成为未来中国发展的动力和源泉；另一方面，中国 30 年经济发展严重依赖外向型经济拉动的增长方式要适时调整和改变，同时，还要建立和完善中国的金融和货币体系，努力减少国际金融体系和货币政策对中国造成的巨大冲击和影响。

总之，中国经济正处于一个关键的节点上，中国未来 30 年的发展也正处于一个关键的历史时期。在危机中起步，正在成为中国高层和众多有识之士的共识。

尽管在未来发展的道路上会遇到各种各样的挑战，而新的起点又是在一个新的节点上起步——国际金融危机中起步。30 年的改革开放为中国未来 30 年的发展积累了相当的经济实力，也在理论、思想和人才方面做了大量的准备，中国社会内部蕴含的潜力仍然有待发掘。只要保持冷静的头脑，以积极和稳健的姿态，就能够把自己的事情办好；同时，密切关注世界政治和经济的变化，万众一心，埋头苦干，就能够在未来的发展中立于不败之地，就能够为中华民族的伟大复兴奠定坚实的物质基础。

2019 年底，一场突如其来的疫情迟滞了中国经济发展的脚步。但随着新冠疫情的结束，经济的重启键已经按下，2023 年的经济表现也呈现积极向上的势头。2024 年是一个重要的年份，是否能成为一个发展的历史节点，有待进一步观察。

二、错误的预测

鉴于对 2008 年节点的认识，我对 2009 年的经济持较谨慎的态度，并认为经济形势会相当严峻。在严峻的经济形势下，我认为要重点做好就业和民生工作，要调结构转方式，为未来的经济发展打下基础。在这种认识的驱使下，我写了两篇文章表达观点。在《2009 的经济》一文中表达了这样的观点：

由国际金融危机引发的经济危机仍处于发酵阶段，其危害程度至今无法判断。在此时对未来 12 个月的经济发展走势做出较科学的预测或许为时尚早。在对世界经济的未来走势缺乏一个基本判定的前提下，谈论 GDP 的增长率势必带有较大的盲目性。特别是在美国经济走势未定的前提下，谈论世界以及中国经济具有较大的不确定性。因为，作为世界上最大的经济体和金融帝国，美国的一举一动直接牵动着世界的经济神经，也同样牵动着中国的经济神经。在中国短时间内无法从根本上摆脱美国经济影响的前提下，在中国自主的金融体系未能有效建立前，谈论具体时间下的中国经济复苏和增长是不现实的。在中国国内市场，特别是广大的农村市场无法有效启动和发展的情况下，中国经济之船必定会随着美国经济的起伏而上下波动。

尽管中央政府自 2008 年 10 月以来不断出台各种政策和措施以刺激国内经济，有些政策或许对 GDP 的稳定和增长有一定的作用，但却不能从根本上解决经济发展问题。如果不能有效解决中小企业的生存和发展问题，不能有效解决中国农村存在的系列问题，那么，巨大的就业压力（包括潜在或半失业的人口压力）将严重影响未来经济的发展，也会影响到中国社会的稳定。

对于 2009 年中国的经济发展，要确立这样的态度：首先，要抛开所谓的 GDP 数字误区，着力于中国中小企业的生存和发展。换句话说，就是解决好人口就业问题；其次，采取措施解决农村发展中存在的问题。如果能稳妥而有节奏地解决好这两方面的问题，即使 GDP 增长在 5%～6%，也不会出现太严重的社会和经济问题。

另一个关键性问题在中国的外部——美国。如果奥巴马上台之后（即 2009 年 3 月至 5 月），美国经济能触底回稳，则整个世界经济（包括中国）也会逐渐企稳，并有可能出现"V"形反弹。如果美国经济在 2009 年上半年依然不见好转，甚至出现恶化，中国经济 GDP 增长则很有可能进入 5%～7% 区间，或者更低。如果出现这样的局面，中国经济将面临更严峻的问题。

任何事情的发展都有其两面性，经济危机也是如此。针对危机带来的社会和经济影响，我建议，中央政府在 2009 年新年伊始就着手解决一些关键问题，包括：经济增长方式和经济结构的调整，国家中小企业政策的调整等。国家还应该利用此次机会整合资源，加大环境整治力度，通过经济手段解决过去久拖不决的问题。

对于 2009 年经济增长的预测，我个人并不过分看重具体数字，而是着眼经济增长质量。

2008 年 12 月，中央经济工作会议提出，2009 年的经济增速要保 8，即保证 GDP 年增速在 8% 以上。

我认为，在世界经济危机持续发酵，其危害程度和时间都无法判定的情况下，仍然将 GDP 增速人为定得过高不利于中国经济健康发展。相反，应该利用此次危机主动将保持了多年的高速增长由高向中调整，集中力量进行内部经济结构的改造和调整，建立一套自主的较完善的金融体系。还要在一个较长的时间里，努力培育农村消费市场，激活潜在

的未来经济发展力量。

我还认为，如果能在保持农村稳定和城市就业方面多做一些实际的工作，即使经济低于 8% 也没有什么可怕的。在未来较长时间内（例如，2009 年至 2049 年）保持经济在 5%～7.5% 中速区间内运行是安全的，也是健康的，对中国经济未来发展是有益无害的。

2009 年 1 月 22 日，国家统计局对外正式公布 2008 年的各项经济数据：2008 年，中国 GDP 总量达到 300670 亿元，增幅为 9%，居民消费指数（CPI）为 5.9%。2008 年 GDP 数值自当年第一季度至第四季度，分别是 10.6%、10.1%、9.0% 和 6.8%，其均值为 9.0%，创六年来最低。

从数据的变化可以清楚地看到 2008 年中国宏观经济发展的轨迹。特别是 2008 年的最后 3 个月，其 GDP 值仅有 6.8%。

尽管从 2008 年第四季度开始，中央政府采取了包括推出 4 万亿刺激计划在内的多项经济举措，但仍不能阻止经济增速下滑的势头。

我在另一篇文章中分析了国家统计局公布的数据。我认为，2008 年 9% 的 GDP 增幅或将成为未来两年（2009 年至 2010 年）不可逾越的顶点。换句话说，2009 年至 2010 年的 GDP 增速将在 9% 以下运行，可能处于 6%～8% 区间，也有可能出现恶化的趋势。

理由是中国经济在 2008 年的最后 3 个月深受国际金融危机和经济危机的影响，GDP 增幅从较高位快速下滑是大趋势。如果将第四季度单月分开表述的话，或许 2008 年 12 月的 GDP 增幅会在 6% 以下。

我注意到，随着奥巴马上台，奥巴马新政成为世界和中国关注的重点。如果美国经济在 2009 年第一季度触底，那么，世界经济就有可能随之触底。2009 年第二季度，随着各种投资项目的开工建设以及其他各项工作的开展，中国宏观经济有可能触底并率先反弹，增速会在 6%～8% 区间运行，2009 年下半年的经济情况还取决于国内经济环境的持续改善和国际经济的前景。

我认为，如果美国经济持续恶化，中国宏观经济则有可能在 6%～7%

区间内运行较长时间。综合各方面的因素，中国连续多年GDP增长在9%以上的纪录将成为历史。

我在预计9%增速将成为中国经济未来两年顶点的同时，还特别强调要关注2009年第二季度的经济增速。这是因为2009年第二季度的GDP增速决定着整个2009年的经济走势。

2009年终于过去了，国家统计局公布了该年的经济增速为9.1%。从而证明我当初的预测是错误的。我清楚地知道，中央政府的经济刺激和各级地方政府以及各类金融机构推出的经济刺激起到了关键作用。大规模经济刺激政策的出台，挽救了处于下滑通道的国家经济。我曾经反思经济预测出现错误的原因，其中之一就是，经济预测没有考虑中央政府的决心。

如今，10多年过去了，我仍然会经常想起那一年大规模经济刺激措施，也欣喜地看到从那时候到当下，中央政府再没有推出新的大水漫灌式的刺激举措，而是采取了有针对性的政策并取得了良好的效果。

在除夕的鞭炮声中，我突然想起了唐代诗人王湾的诗——《次北固山下》：

> 客路青山外，行舟绿水前。
> 潮平两岸阔，风正一帆悬。
> 海日生残夜，江春入旧年。
> 乡书何处达？归雁洛阳边。

江春已入旧年，乡书已经写就，只是归雁还没有飞来。

三、力戒"大水漫灌"

当一个人口渴难耐、命悬一线时，饮水时不是让他抱着水桶咕咚咕咚狂饮，而是先稍稍滋润一下，再慢慢地进水，否则就会对身体造成伤害；大旱的田地，要先施以弱水然后再循序渐进浇灌才对庄稼生长有利，力戒大水漫灌把好事变成坏事。经济也是一样。

2007 年，爆发于美国的次贷危机，最终引发全球金融危机，让世界经济异常虚弱，中国经济也受到严重影响。从 2008 年下半年过渡到 2009 年，各级政府和金融机构对经济进行了大规模刺激，宏观经济迅速触底回升。当一些官员和人士额手称庆时，我写下《"大水漫灌"下的复苏》一文，借此表明我的观点：

2009 年 10 月 22 日，国家统计局对外公布国家第三季度 GDP 增长数据。数据显示，中国 2009 年第三季度 GDP 增长 8.9%。这一数据直接影响保 8 的目标，也对全球经济的复苏具有重大影响。这一数据的公布，让世界兴奋起来。德国一媒体将 22 日称为"紧张且充满期待的一天"；路透社评论称这一数据标志着"中国龙咆哮归来"；美国彭博社认为这一数据"令全球羡慕"；俄罗斯国际文传电讯社称之为"中国式的经济步伐"；《日本经济新闻》著文：中国经济复苏迹象越来越明显。

众所周知，2009 年第一季度是全球乃至于中国经济衰退最严重的时候。中国第一季度是 6.1%，第二季度达到 7.9%。随着第三季度经济数据的公布，众多国内外经济学家认为，中国保 8 目标基本实现。国内部分专家及经济学家认为，2009 年 GDP 有可能达到 9%。在众人额手称庆之时，我仍然心存担心：大水漫灌下的经济真的开始复苏了吗？

在认真分析 GDP 向上的各组数据后，我仍然保持一份谨慎的乐观。理由如下：

第一，可持续动力是什么

在中国经济发展中，"三驾马车"在过去 30 年的经济发展中占有绝对性地位。而三驾马车中的外经贸在近 20 年的经济发展中一直处于领跑的位置。此次金融危机引发的全球经济危机不断深入，中国的外向型经济遭受重创，不仅起不到领头羊的作用，还拖了 GDP 的后腿。国内消费也一直处于疲软的状态，唯一发挥作用的是政府投资。正因为如此，中国经济发展的动力变成了单引擎推动，但这种一花独放的局面显然不具有可持续性。

2008 年，中国经济在"大水漫灌"下，实现了经济的快速回升。但随着投资行为和投资周期的结束，如果没有新的经济增长点和投资主体出现，经济增长就不可能持续。

从目前来看，中国外向型经济随着国际经济的回稳，进出口有所恢复（但远没有达到过去同期水平），国内消费仍处于相对疲软状态。中国经济需要找到在不久的将来替代一花独放的好方法。

第二，内需仍有较大的不确定性

从目前来看，美国和世界经济的恢复都有不确定性，中国也把主要工作瞄准启动内需上，并且出台了许多相关政策和措施。但这些措施是否有效还要看后续的效果。因为，大批中小型企业（包括民营企业）仍未走出困境，大批失业人口依旧存在，就业压力不断增大，每年涌入社

会的高校毕业生的低就业率给社会造成了非常大的压力（特别是心理压力）。在这种情况下，消费很难大幅度提高，潜在的农村市场和中西部地区也很难在短时间内显现出效果。

我的观点是，在抓民生和就业的前提下，借此机会抓紧调整产业结构和转变经济增长方式，着力解决好广大农村存在的主要问题，努力解决中小企业的发展问题。只有着力解决这些问题，中国巨大的消费潜力才能被释放出来，才能成为国家经济稳定发展的引擎。但从目前各项数据来看，效果还未显现，出现 V 形反弹是大水漫灌的效果，是否可持续和稳步发展还有待观察。

有学者指出，中国经济正在回暖，政府的各项措施正发挥作用。此时的经济如同一个大病初愈者，身体仍很虚弱，此时要做的是健康的恢复性慢走，而非像刘翔那样百米冲刺。

经济刺激是必要的，但方式和方法要谨慎。

值得欣慰的是，大规模经济刺激之后，中央政府已经在实际工作中意识到副作用的存在并力戒再次大水漫灌，并且采取精准发力的措施，这是政府施政日趋成熟的表现。

四、虚惊一场

明代剧作家冯梦龙的《醒世恒言》中有这样一句话："屋漏偏逢连夜雨，船迟又遇打头风。"以此表达祸不单行之意。这不禁让我想起2009 年的经济。

美国次贷危机引发的国际金融危机横扫世界的时候，也捎带着将中国经济带入谷底。在中央政府的经济刺激政策出台后，宏观经济终于止跌回升。但是，外部经济环境仍未出现较大积极变化，欧美经济仍然处于衰退的区间之中。面对如此复杂的内外部环境，国内外人士都在小心翼翼地紧盯着世界经济跳动的脉搏，唯恐新的危机出现。

世界经济又一次应验了祸不单行这个词，虽然只是虚惊一场，但却让世界各国的经济大员们惊出一身冷汗。

2009 年 11 月 26 日，就在这一年只剩下一个月就要收官之时，突然发生了全球股市大幅下跌的事件。

原来是一家名为"迪拜世界集团"（Dubai World）的机构出现了债务问题。各国投资者在刚刚经历了次贷危机后正惊魂未定，对未来仍然充满担心和恐慌，非常担心银行业和新兴市场受到影响，屋漏偏逢连夜雨，全球股市应声大跌。

事件的起因缘于迪拜。迪拜是阿拉伯联合酋长国的七个酋长国之一，是阿联酋的第二大城市，也是第二大酋长国。其位于阿拉伯湾，处于海湾地区的中心。近 20 年来，由于其利用石油美元建成了一大批享誉世界的建筑，从而被誉为海湾明珠，迪拜也因此成为奢华的代名词。

2009 年 11 月 26 日，作为迪拜政府控股的国有旗舰公司——迪拜世界集团对外宣布延期 6 个月偿付即将到期的 40 亿美元债务，并将在政府帮助下进行债务重组。

消息一出，举世皆惊。刚刚从危机阴影中走出的各国投资者仿佛又一次感觉到世界末日正在来临，信心受到重挫，导致环球股市暴跌。迪拜危机不仅让世界投资者感到恐慌，更令人恐慌的是，许多人担心此次危机会造成多米诺骨牌效应，从而将世界经济再次拖入低谷。惊恐万状的国际投资者在抛出股票和期货合约的同时，又纷纷购进美元，导致美元指数在避险资金的簇拥下大幅上涨。中国股市在这一轮恐慌潮中受到波及，也出现了大跌的行情。

人们之所以担心，是害怕迪拜危机成为新一轮危机的导火索，担心迪拜危机是那张可怕的第一张多米诺骨牌。

迪拜危机发生后，我认真分析了发生的原因，认为迪拜危机不会导致新一轮经济危机，迪拜危机也不会成为第一张倒下的多米诺骨牌。理由如下：

一是全球经济刚刚经历由美国次贷危机引发的全球金融危机，这场危机并没有完全过去，世界经济正处于触底回升阶段。因这场金融危机联合起来的全球协调行动机制依然存在，全球的危机意识并未消除，各国政要都对危机产生的影响记忆犹新。因此，对迪拜危机会保持高度警觉并随时可能采取统一行动来遏制危机的蔓延。危机发生不久，阿联酋央行公开表示，将做本国和外资银行的后盾，并提供新的融资渠道。欧洲几家金融机构也很快表示，将根据实际情况，制定有关解救方案。

二是迪拜危机仅是一场虚惊。之所以这样认为，是因为造成此次迪拜危机的迪拜世界集团并非一家皮包公司，其资产高达数千亿美元，而对外负债仅 590 亿美元。更重要的是阿联酋阿布扎比主权基金的规模高达 3290 亿~8750 亿美元。面对如此小数目的外债，大可不必为此担心。更何况到期的债务只有区区 40 亿美元，而且并不是还不起，只是推迟 6 个月偿还。根据分析，迪拜世界集团此举并非想要让世界惊慌一场，而是为了要挟阿布扎比对其部分借贷给予优惠。

由此可知，迪拜危机只是世界经济复苏过程中的一个插曲。据此，我认为，迪拜危机再一次检验了世界经济的承受能力和危机应变能力。这或许将成为世界经济危机结束的一个信号和标志。

此后，世界各地相继传来好消息。当年 11 月 27 日（周五），欧洲股市全盘飘红；11 月 30 日（周一），中国股市也以红盘报收。

通过迪拜危机，也让我有了一个认识：政府在出台一些重大经济举措时，要充分考量经济的可持续因素和可操作性，要防止经济的大起大落。此次迪拜危机是房地产价格出现大幅度下跌，资金链条断裂，工程项目停工较多造成的。因此，它也提醒决策部门，对于中国这样一个大国，要防止经济过冷和过热，要把主要精力和目标放在宏观层面的调控上；同时，把启动内需作为拉动经济的主要手段，以避免由于外部因素的影响对国内经济造成较大冲击。

迪拜危机终于没有成为第一张倒下的多米诺骨牌，世界经济遭受了一场虚惊。随着科技的进步和网络的发达，世界也正在变得越来越复杂。"黑天鹅"以及"灰犀牛"事件也时不时在世界的某个角落上演着。

当年的迪拜危机也让我想到了肆虐世界 3 年的新冠疫情。这场疫情给世界经济带来了严重冲击和影响，也对中国经济造成影响。预防经济方面的"屋漏偏逢连夜雨"事件的发生，及时处置"黑天鹅"和"灰犀牛"事件，是对一个国家或地区经济管理水平的一大考验。

五、"复杂"的不同

在 2010 年的全国两会记者会上，时任中国国务院总理温家宝在答记者问时，用两个字表达对 2010 年的经济形势的担心：复杂。

2021 年初，有国内外经济界人士也给 2021 年经济打上了复杂的标签。

究竟怎样的宏观经济才被称为复杂呢？我们不妨回顾一下 2010 年的复杂。

2010 年 2 月 27 日，时任国务院总理温家宝在接受中国政府网和新华网联合专访时强调：2010 年将是中国经济最为复杂的一年。换句话说就是，复杂是 2010 年中国经济的主调。而在一年之前，温家宝总理面对金融危机蔓延，将 2009 年表述为最困难的一年。事实上，2009 年的确是极为困难的一年。

就在政府和经济界人士普遍认为中国经济已实现"V"型反转的情况下，温总理强调 2010 年将是中国经济最为复杂的一年，其中深意是值得思考的。

回顾一下 2009 年中国政府在迎击全球金融危机方面的一系列政策和举措，或许能够从一个侧面解读温总理的话。

为了应对全球金融危机，中国政府主要在四个方面做了工作：① 大规模财政投入和结构性减税；② 一系列重要产业的调整和振兴；③ 建立科技支撑体系；④ 完善社会保障体系。其中，政府投资对经济的拉升作用显著。

国家统计局的数据显示：2009 年，中国的 GDP 增长在调整后被确

定为 9.4%。有经济专家测算，中国经济的复苏对世界经济的贡献超过
50%。为此，世界主要经济体对中国的贡献都予以高度评价，许多经济
学家和财经人士也对中国经济未来的发展寄予了厚望。

在这种情况下，温总理为何说 2010 年将是中国经济最为复杂的一
年呢？原因或许在以下两方面：

其一，国际方面。尽管当时以美国为代表的西方经济体出现了触底
反弹的态势，但何时能够走出低谷尚不明朗。因此，其对世界经济的影
响（或称拖累）依然存在。由于美国失业率居高不下并且有进一步上升
趋势，致使国内购买力下降，消费乏力，因此，寄希望于美国经济复苏
对中国的外向型经济产生拉动作用是不现实的。美国国内矛盾加剧，失
业率上升，其对中国的出口产品施以贸易调查或者反倾销等引发的贸易
摩擦将成为常态。当时美国深陷伊拉克和阿富汗战场，国内的反战情绪
与其他矛盾互相推波助澜，将对奥巴马政府的中期执政形成压力。为了
缓解国内压力，奥巴马政府将会在中国的核心利益方面（例如，台湾、
西藏、新疆等方面）对中国施压，而中国也势必出手反制。在这样的情
势下，中美之间的经济交往会受到相当大的影响和制约。2010 年，中
国经济"三驾马车"中外贸的贡献仍可能是下降的；中欧之间的经贸关
系也不乐观。中欧经济的发展也将停留在 2009 年的水平上。

其二，国内方面。（1）大规模政府投入和银行贷款，极大地刺激
了 GDP 的增长，使国内经济迅速止跌回升，让国人和世界松了一口气。
但随着政府投资周期的结束，政府投资形成的投资缺位需要有新的投资
替补，否则，就会影响 2010 年的经济增长；许多地方政府无法偿还债
务，银行或将出现大批坏账，这些坏账将对中国金融造成较大的伤害。
据有关资料，2009 年，中国各类银行发放的贷款相当于 2008 年的两倍
（近 10 万亿元人民币），总额相当于 GDP 总量的 30%。这样的贷款增幅
与正常的经济逻辑是相违背的。通常情况下，在经济衰退期，银行放贷
会极其小心。但在政策支持下，各类银行的行为恰恰相反。这些贷款增

加了银行风险，也推高了资产泡沫和通货膨胀的预期；（2）当时，通胀预期非常强烈。其中输入性通胀（包括石油、铁矿石、棉花等国际大宗原材料价格上涨）可能性很大，而国内通胀预期一触即发，如果不能有效把控，极可能在较短的时间内形成较严重通胀；（3）国内消费大幅增长可能性较小，对 GDP 超预期贡献的可能性很小；（4）农村问题仍然是一个制约中国经济发展的大问题。尽管政府出台了推进城镇化的政策，但中国城镇化的道路还很长，许多配套措施和政策还有待出台和完善，因此，城镇化短期内不会对广大农村消费潜能的释放有推动作用；（5）中小企业发展的滞后使中国经济发展的后劲受到制约。随着中国经济的发展，中小企业将在解决中国人口就业方面起主导作用。但现实情况是，中国中小企业的生存和发展情况并不乐观，这将削弱中国经济发展的基础，甚至会拖累中国经济的发展。此外，中国社会长期以来积累的矛盾也仍将继续存在。

综合上述国际和国内因素，就能够理解温总理讲话的内涵。但中国的问题必须由中国人自己解决，存在的问题和矛盾也必须依靠自身的力量解决。只有不断推动中国经济和社会的进步，才能够有条件解决业已存在的问题。

和 2010 年的复杂相比，2021 年的复杂也颇具代表性。

2021 年，新冠疫情的影响致使世界经济承受巨大压力，全球物流供应链受到影响，消费受到遏制。中国经济虽然比较起来有一些亮点，但疫情防控压力巨大。中美贸易摩擦仍在继续，国内外因素汇总在一起，共同构成了 2021 年经济的复杂。只不过和 2010 年比较，中国的综合实力已经有了很大的提升，国家应对各种危机的经验和能力也有较大的提高，国民素质也有较大提升。因此，面对复杂的经济形势，中国有信心沉着应对。

我认为，不管国内外形势如何变化，只要抓住民生和就业的牛鼻子，就能够在复杂的内外部环境下渡过难关，迎来经济恢复增长的明天。

六、寻求"软着陆"

随着中国"神舟"载人飞船的不断发射和回收，普通民众对航空和航天知识的了解越来越多。其中，就有对于"硬着陆"和"软着陆"的认识。

在"神舟"太空舱返回地球的过程中，中国采用的主要是软着陆方式。

软着陆是相对于硬着陆而言的。特指航天器经专门减速装置减速后，以一定的速度安全着陆的方式；反之，航天器未经减速装置减速，而以较大的速度直接冲撞着陆的方式称之为硬着陆。

软着陆和硬着陆还被引入经济和金融领域，也就有了经济硬着陆和软着陆之说。

第一次接触经济方面的软着陆和硬着陆名词，是在1997年的亚洲金融危机期间。时任中国国务院副总理朱镕基将这两个名词带到我的眼前。

我第一次著文谈经济硬着陆和软着陆是2013年7月，和朋友们谈论这个话题的时间是2013年8月3日，周六。

8月的北京炎热又干燥，也是北京最不舒适的月份。据范先生介绍，七八月份时居酒屋的生意也一般。我猜想，或许也和天气有关。

这段时间，范先生经常邀我到居酒屋小坐聊天，或喝茶或喝啤酒。十多天前，他打电话给我，询问我对2013年国家宏观经济走势的看法。这一天，在居酒屋，我将自己的看法和盘托出。

国家统计局2013年7月15日公布相关经济数据，中国2013年第

二季度 GDP 下滑至 7.5%。第二季度数据公布之后，经济界人士议论纷纷。有专家认为，综合 2013 年一、二季度的经济数据，上半年的经济增速为 7.6%，基本上达到 2013 年初制定的 GDP 增速 7.5% 的目标。时任国家财政部部长楼继伟也在公开场合表示当年的经济目标能够实现。

纵观 2013 年上半年的经济形势，总体并不乐观。驱动中国经济前行的"三驾马车"已经失去了昔日的风采。其具体表现在：① 来自政府的投资基本上已经是强弩之末，民间投资仍未见起色，外资出现滑坡和外流；② 外贸出口迅速下滑。有关统计表明，二季度进出口增速从一季度的 13.5% 下降至二季度的 4.3%，其中 5 月增速降至 0.3%，6 月则转为 −2%，6 月出口同比下降 3.1%，创 44 个月新低；③ 在消费方面，国内仍然没有出现旺盛的增长。

在我看来，综合有关数据，经济形势并未出现明显好转，尽管在某些方面有些亮点出现，但还不足以影响整个宏观经济的提升。

宏观经济下一步如何走越来越受到国内外人士的瞩目。

我认为，经济适度下行是好事，当时也不需要经济刺激。主要工作和任务以及未来相当长的时间内要做的工作是转方式、调结构和培育新的经济增长点。7.5% 的 GDP 增速不应该成为刻意追求的目标。如果经济运行是健康的，7% 的增速也未尝不可，更低一点，在 6.5%～7% 也完全可以接受。在方向正确、措施有力的前提下，保持 6.5%～7% 的增速对未来的中国经济发展较有利。

在关键时点，应切实注意几个问题：① 就业问题，特别是高校毕业生的就业问题；② 进一步优化城镇化政策，避免一拥而上，借城镇化发起造城运动；③ 严格限制地方政府举债，更不能倡导土地财政；④ 应有选择地实行减税降费；⑤ 发现和培育新的经济增长点；⑥ 积极采取措施鼓励民间投资。

总之，面对复杂的国内外经济环境，应保持清醒的头脑，保持定力，不为数字所动，也不为各种声音所惑所惧，根据经济发展过程中出现的问题及时采取适当的措施。只要将增速保持在可控的范围之内，积极稳妥解决长期以来遗留下来的经济转型问题，就能够逐步推动中国经济迈上健康可持续发展道路。

范先生当时听完我的观点和意见后，问道："你似乎对经济形势有些自己的认识和理解？"

我回答："确实如此，我只是希望在经济发展过程中遵循经济规律适时调结构和转方式。"

"那你认为 2013 年经济的情况会怎样？"范先生追问了一句。

"我有一些担心！经济很可能在硬着陆和软着陆上做出选择。但我希望经济能够实现软着陆。"我答道。

当年 7 月 30 日，中央政治局召开会议研究 2013 年下半年经济。会议要求各级政府注意和解决经济发展中的一些问题。

2014 年 1 月 20 日，国家统计局公布 2013 年的经济情况，我国 GDP 总量达 56.88 万亿元人民币，增长 7.7%。与 2013 年制定的 7.5% 相比，略高于既定目标。这个数字显得比较温和，也说明中央认识到经济发展中存在的问题，没有采取行政措施刺激经济以推高 GDP 增速。

总体来说，2013 年的经济实现了软着陆。

七、闲话经济的质与量

2013 年的国民经济实现了软着陆，2014 年的经济之路又将如何走呢？

往往到了一年的岁末，从中央到地方，其中一项主要工作和任务就是确定下一年经济工作的任务和目标。

可能是多年的相互影响，朋友们对经济的兴趣一直不减。在日常工作和生活中，也养成了关注经济的习惯，聚会时经常有经济话题出现。

在新的一年来临之际，几个朋友和范先生共同张罗了三次聚会。在聚会前，大家也做了功课，给每一个人都布置了题目，其中给我布置的题目是"闲话经济的质与量"。

接到这个题目之后，我认真思考了一下：什么是中国经济的核心问题呢？或许是质与量吧。多年以来，关于中国经济的质与量一直存在着争论，我也曾经参与了这场争论。

中央经济工作会议以少有的 4 天会期于 2013 年 12 月 13 日在北京闭幕。会议引起了国内外媒体的广泛关注，究其原因主要还是 2014 年 GDP 增速问题。

众所周知，自 20 世纪 90 年代初以来，随着中国经济的迅猛发展，中国经济对世界经济的影响日益显著，逐渐成为驱动世界经济前行的主要引擎。加入 WTO 之后，中国经济对世界经济的影响已经达到举足轻重的地步。特别是 2007 年以来，由于次贷危机导致的全球金融危机对世界经济产生巨大负面影响，致使世界主要经济体面临巨大的困难和危机，只有中国经济依然以较高的经济增速向前发展。据研究机构公布的数据，2013年中国经济对世界经济增长的贡献率已经达到27%。所以，中国经济的增速直接影响世界经济的增速。正因如此，2013年的中央经济工作会议才会受到世界非同寻常的关注。

对于中国来说，2014年也是至关重要的一年。首先，2013年7.5%GDP增速是由上一届政府制定的，新一届政府如何确定2014年经济发展目标成为国内外关注重点。根据国家统计局公布的经济数据，实现2013年的经济目标（7.5%）几乎已成定局。其一，2014年的经济目标确定为7.5%或7.0%，抑或在7%~7.5%成为人们竞猜的话题；其二，2014年是"十二五"计划关键年，能否顺利完成至关重要；其三，新一届政府确立的经济目标将决定中国未来五年的经济走势。

当时，关于2014年经济增速的讨论（包括争论）不绝于耳，仁者见仁，智者见智。社会上有一种声音认为，中国经济应该保持7.5%以上的速度，理由是，只有这样才能解决国内日益突出的各种矛盾；另一种声音认为，应该将中国经济增速降下来，保持在7%左右的水平，其理由是，中国经济需要调结构和转方式，只有这样才能够保证中国经济健康可持续发展。

我个人支持降低中国经济增速的观点，也认为在相当长的时间里中国经济应该保持中速增长。简单地说，就是在2020年之前，中国经济增速应该控制在6.5%~7%，更不要超过7.5%；在2020—2030年这个阶段，经济增速应逐步调整在5%~6.5%。

实际上，不管是哪一种观点，其要点都集中在经济发展的核心——质与量上，即如何取得质与量的和谐统一。

中国经济经过20多年的高速增长，创造了经济奇迹，但这种经济增长建立在廉价劳动力和高耗能基础之上，以破坏环境为前提和代价的增长不可持续。2013年之前，中国一些地区日益严重的环境污染问题已经为此敲响了警钟；人口红利即将结束的声音也不绝于耳，以往的经济增长方式明显不能持续；人民币对外升值对内贬值的问题日益突出，

依靠传统的三驾马车拉动也亟须调整。

关于质与量的问题，任何人都不可能给出一个明确和具体的量化指标。我认为，所谓的质并不是单纯地将经济增速降下来，其内涵还包括单位 GDP 耗能情况以及是否可持续等多种因素；所谓的量也不只是单纯的数字，而是数字背后的多种积极因素汇聚成的集合体。

新一届中央政府给中国经济发展带来了清新和希望的春风，在 2013 年经济发展方面，广大民众也看到了许多可圈可点的地方，这一切都为确定 2014 年经济目标进行了铺垫。

不管 2014 年的经济增速是 7.5%、7% 或其他的数字，有一点是明确的，那就是：2014 年的 GDP 肯定是一个以质为主，同时考虑量的 GDP 目标。2014 年的中国经济不存在质与量的矛盾，只有质与量的和谐统一。如果 GDP 增速是质与量的和谐统一，就可以为未来的经济发展打下良好基础。这个基础也将决定 2020 年目标的实现。

从全球经济发展来看，美国经济已经呈现复苏迹象，就业率在回升，美国政府也正在从量化宽松货币政策层面逐步退出。从当年的经济形势看，随着新的美联储主席上任，美国经济有可能伴随着温和的货币政策走上增长的道路；欧洲则仍处于十字路口，经济未见明显好转；由于一些国家财政经济状况的恶化，欧盟的经济受到拖累，整体状况尚未见复苏端倪；亚洲的状况也不容乐观，日本虽然因"安倍经济学"的推出刺激了出口增长，但仍然积重难返，其经济前景有诸多不确定性；印度作为"金砖国家"成员，虽然发展后劲较大，但距离做亚洲领头羊还有距离。

2013 年是中国新一届政府开局之年，由于在过去 10 年的发展中，中国经济三驾马车的局面未发生根本性改变，积累的问题和矛盾已日渐显现。随着环境问题的日益突出，经济高速发展的不可持续性已经出现，调结构和转方式将是未来 7~10 年的重要工作。

针对这种状况，我认为应该制定和施行区域差异化 GDP 增长目标。

或许，这将是未来中国发展的一个必要选项。

中国经济发展不平衡是一个不争的事实，东西部的差距也越来越大。根据国家相关部门公布的数据，截至 2013 年底，东部沿海地区一些省市的经济总量已经达到或超过东亚或东南亚一些国家的经济总量，一些发达省市的地级市甚至县级市的经济总量已经达到或超过西部一些省区的经济总量。在经济发达地区，随着经济的发展，环境和资源问题已经成为制约发展的瓶颈，而西部则存在较大的发展空间。因此，国家在制定未来经济发展目标时，应考虑区域的因素，实行差异化的经济发展目标。在保护环境和资源有效利用的前提下，鼓励西部落后省区市加快发展步伐，而对东部发展较快的省市可引入绿色 GDP 指标和概念，积极推动产业改造和升级，转变经济增长方式。

一些超大城市或经济发展区（如环渤海经济区、长江三角洲经济区、珠江三角洲经济区）应该主动将 GDP 目标降下来，注重增长质量和水平；而西部一些省市区仍然可以保持 10% 以上的增长速度，但要因地制宜，切实控制环境污染和资源浪费。通过政策鼓励和引导东部产业和人才向西部转移，以利于西部省区市的长远和可持续发展。

对于中国这样一个经济发展以及资源分布极不均衡的大国来说，采取差异化发展战略，避免制定单一发展目标，对于未来经济发展和均衡都有着现实和深远的意义。

谈完区域差异化 GDP 问题，我又将重点转回到经济的核心问题——质与量上。

2014 年 1 月 26 日，国家统计局正式对外公布 2013 年 GDP 增速为 7.7%，超过 7.5% 的既定目标。

根据国家统计局公布的数字，2013 年中国 GDP 为 568845 亿元人民币，折合约为 9.3 万亿美元，而美国 2013 年的国内生产总值约为 15 万亿美元。

国家统计局在公布 GDP 增速的同时，也列举了一系列经济向好发

展的例证：农业生产再获丰收，工业生产增势平稳，固定资产投资较快增长，市场销售平衡增长，进出口增长有所回升，居民消费价格基本稳定，居民收入继续增加，货币信贷平稳增长，人口就业总体平稳等。但如果仔细思考一下，就会发现，7.7% 的经济增速仍有隐忧，可持续性值得研究。以农业为例，中共中央、国务院印发《关于全面深化农村改革加快推进农业现代化的若干意见》，结合之前中央召开的农村工作会议就可以知道，决策层对推动农村和农业发展非常迫切。随着新型城镇化的推进，调结构和转方式以及启动内需等一系列方针政策的出台，农村以及农业问题已经成为中国经济发展的重大问题，必须尽早、尽快加以解决，否则，农村和农业问题将减缓中国经济的发展；由于调结构和转方式等不是一蹴而就的事情，工业生产已经在十字路口徘徊相当长时间；固定资产投资较快主要是过去遗留的项目还处在收尾阶段，新开工项目占比不大；国内市场消费仍然不旺，虽不是疲软，但也并没有出现较多的亮点；虽然在进出口总额上超过美国，但同样存在质与量的问题；CPI 也不容乐观，百姓普遍认为，物价涨幅高于政府公布的数据；居民收入虽有增加但在货币供应量持续增加的前提下显得无足轻重；从 2013 年下半年起，金融机构普遍感到钱紧；失业人口和隐性失业人口持续增加仍然是不争的事实。

总之，7.7% 的 GDP 增速含金量有待提高。虽然许多问题不能在短时间内解决，但也要提前下大力气做许多基础工作。

对于质与量的话题，朋友们的意见比较一致，都认为未来的经济发展应该重质先于重量，在此基础上寻找和谐统一。对于区域差异化 GDP 的问题，大家意见并不统一。冯小姐就坚持说："不应该人为地要求东部发达地区降低 GDP 增速，而应该鼓励技术进步，鼓励经济转型，鼓励东部发达地区做中国经济发展的领头羊！"

对于 2014 年 GDP 增速的争论比较激烈。范先生坚持认为，中国经济还应该保持较高增长，否则就业压力会比较大；张先生也对农民工返乡带来的影响表达了自己的担忧；高先生则认为经济要走稳，不能图一时之快带来长远弊端；冯小姐主张不要人为设定 GDP 目标。大家你一言我一语，争论激烈，甚至到了面红耳赤的地步。就在大家争论之时，范先生突然问了我这样一个问题："你觉得 2014 年 GDP 目标会定多少？"我愣了一下笑着说，等两会开幕的时候就知道了！我的笑谈引来了大家的不满，一致要求预测一下。

"或许在 7%～7.5% 吧！"我小心地回答。

总体来说，2013 年和 2014 年都处于较关键时期，一方面要实现 GDP 增长，另一方面要解决遗留的问题。值得庆幸的是，经济实现了软着陆，其他的工作也取得了一定的进展，这都为未来的国民经济发展奠定了基础。

在 2014 年 3 月举行的两会上，时任国务院总理李克强在中国政府工作报告中将 2014 年 GDP 增速确定为 7.5% 左右。在 GDP 增速数字后加上"左右"两字在以往是没有的，由此，也可以看出新一届政府的务实态度。

以我的理解，此次确定的目标带有较大灵活性，经济增速保持在 7.0%～7.5% 即视为合理，这就为经济调控预留了更大的空间和灵活性。

实际情况是，2014 年，中国经济增速为 7.3%。尽管 7.3% 仍然在 7.0%～7.5% 区间里，但也可以看出，经济增速下行趋势已经显现。

国民经济关系到千家万户，关系到方方面面。如果要保持国民经济健康稳步发展，就必须注重经济的核心——质与量。但要做到两者的和谐统一，需要管理者具有高超的管理能力和调控手段。

我也欣喜地看到，在制定国民经济发展目标时，单纯追求 GDP 的冲动在减少，理性和科学的行为正在成为主导力量。

"当决策者在经济发展中遵循其内在规律的时候，经济的发展注定是有希望的。"在 2014 年春天伊始之际，我将这句话郑重地写在笔记本的扉页上。

八、疲与衰的经济学意义

"什么是经济学意义上的衰退与疲软？"冯小姐在一次聚会上有些突兀地问道。

我回答："疲软和衰退分别反映的是经济的一种状态。疲软在经济中的表现是商品销售不旺或者货币汇率呈下降趋势，一句话就是经济不振；而衰退是指经济从高处滑落，并且仍处于下滑状态。衰退是经济波动周期中的一个阶段，泛指国民经济产出总量或经济增长率持续处于下降状态。经济衰退的最终结果是萧条。"

我回答之后，立即反问冯小姐："你为何要问这个问题？"

"有人认为，由于受疫情的严重影响，中国经济自 2020 年上半年步入衰退，虽然 2021 年出现了正增长，但 2022 年的经济受影响较大，经济会陷入疲软甚至会出现衰退。你认为呢？"冯小姐一口气将所有的问题说出来。

"这一次情况比较特殊。首先，造成经济衰退的原因是受突如其来的疫情殃及，并不是经济因素导致。在 2020 年下半年疫情被基本控制之后，经济迅速出现了反弹，最终实现了 2020 年经济正增长。2021 年上半年经济增速比较快，但并不是经济加速，而是和 2020 年同期负增长相比较得出的。2021 年下半年经济情况比较平稳，特别是出口增长较快。2022 年是比较复杂的一年，上海经济上半年受到严重影响，其他省市也被波及。2022 年经济数字可能不太好看，但会不会陷入疲软或衰退还要对一些综合数据进行分析后才能得出答案。"我的回答留有余地。

我记得上一次和朋友们谈疲软和衰退是七八年前，具体时间是2014年3月22日（周六）和2014年4月13日（周日）。

北京的初春和仲春时节是最诱人的。当时在冯小姐的建议下，我们将聚餐的地点改在了温榆河边。范先生几年前在温榆河边长租了一栋别墅。我们就在别墅前的草坪上烧烤，所有食材都是从范先生的居酒屋带来的，范先生亲自下厨，冯小姐和高先生负责打下手，我和张先生坐在旁边聊天。

张先生最近几年对经济的兴趣特别浓厚，经常和我讨论经济方面的问题。这一次又不例外。在第一次讨论时，他就问了我这样一个问题：中国经济果真像一些经济学家预言的那样步入衰退了吗？

我没有想到张先生会问一个专业的问题。我稍微思考了一下开始阐述自己的观点。经过分析相关数据，宏观经济面确实有陷入衰退的风险，理由如下：

熟知社会发展的人都知道，几乎所有的人口大国在从农业社会进入工业和现代社会的过程中，都要经历一次深度的经济衰退。这样的大衰退似乎是不可避免的。但也有国家在预见可能的衰退来临之前，以数次较小的经济调整或波动来抵消可怕的衰退到来。

就2014年中国经济而言，"三驾马车"的局面仍未有根本性改善，出口乏力，政府投资减少，国内消费不振，从而导致经济下滑。

中央高层也意识到这一风险的存在。在2014年的两会上，政府工作报告将2014年GDP增速确定为7.5%左右，增加了"左右"也就增加了弹性。在此前的国务院会议上，再一次否定了采取刺激措施的必要性。可见，高层在对待经济衰退风险的认识上是清醒的。

新一届政府着力在经济调结构和转方式上做文章，同时通过各种举措扩大国内消费。希望通过较小的经济震荡换取未来长远的发展。政府加大投资的可能性很小，外贸出口已经呈现疲软，国内消费大幅增长的外部和内部条件均不成熟，短时间内不可能有较大的增长。唯一可以寄予希望的是鼓励民间资本，在提振信心上多做工作。

在这一时期，如果经济链条中某个环节（例如房地产或金融）出现问题，就会产生拉拽作用，将经济拖入更快的下行通道。有经济学者认为，当时中国经济最大的潜在风险在于互联网金融。我认为，这种危险性在短期内并不存在，可能真正的潜在风险仍然在于房地产。由于大多数地方政府长期依赖土地财政，借助所谓城镇化累积起来的房地产泡沫一旦破灭，就会严重影响中国经济的未来，也是中国经济步入衰退的最大风险。其理由如下：地方政府的负债当时已经高达 20 万亿元人民币，如果不加以管控还有可能继续增加。由于中国新型城镇化之路尚未起步，或者说刚处于起步阶段，房地产发展现状仍然难以适应新型城镇化发展之需，一旦出现链条断裂，就可能危及金融从而影响国民经济。

我始终坚定地认为，只要中国不发生大的社会动荡，或者国际环境不发生大的危机，中国经济就不会出现崩溃。因此，对中国经济的未来我持乐观的态度。同时，也希望政府下大力气在产业升级和转型上大做文章，只要守住就业和民生这两条底线，中国经济就能够避免陷入衰退的风险，而且会在小幅的经济波动中继续前行。

有信心并不等于抓住了牛鼻子，因为经济自有其内在的发展规律。尽管我对国民经济避免陷入衰退持乐观的态度，但对陷入疲软仍然有些担忧。

2013 年，中央政府制定的 7.5% 目标，最终实现了 7.7% 的经济增长。2014 年，中央将经济增速确定为 7.5% 左右，也从某种角度折射出 2014 年经济发展的不确定因素在增加。

2014 年，世界经济发展面临的问题可以说有喜有忧。美国正在摆脱 2007 年金融危机以来经济下滑的势头，经过几年的恢复和调整，就业率和经济增速都在恢复性增长；其 2012 年的 GDP 增速为 2.8%，2013 年的 GDP 增速为 1.9%。这对于美国这个世界头号经济大国来说已经非常可观；欧洲经济仍处于十字路口；亚洲其他国家还没有令人满意的表现。

中国作为世界上最大的发展中国家，对拉动世界经济发展做出了贡献。但自 2012 年下半年开始，国内经济下行的趋势已经显现。首先表现出的是能源（煤炭）价格的一路走低，究其原因，主要是工业用电量减少、发电量不足造成，一些实体企业出现亏损甚至关停。

在过去数年中，我曾多次撰文指出，调结构、转方式是中国未来经济发展的必由之路，越早越好。在中国这样一个大国，转变的过程至少需要 7 至 10 年或更长的时间。如果中国从 2008 年开始实施这一计划的话，那么现在的中国经济或许已经步入良性循环的轨道，可惜这一机会被错过了。

根据汇丰版的 PMI 数据，中国的 PMI 指数已经在荣枯线以下徘徊了三个月之久，2014 年 3 月的数据为 48.1（2 月为 48.5），不仅低于经济学家预测的 48.7，而且创 8 个月来新低。从中国制造业采购经理指数可以看出，这一阶段中国制造业在持续放缓，究其原因也是内需疲软。

有经济学家在研究有关数据后指出，造成经济不景气的原因主要是消费不振，民众不敢花钱，住房和教育成本居高不下，日常消费被抑制；另外，由于地方债等问题导致地方政府投资积极性减弱；民间投资仍处于观望之中。在当时的情况下，出台新的刺激投资的政策和措施几无可能。

面对中国经济正走向疲软的迹象，必须以壮士断腕的决心，加大改革力度，在转方式、调结构方面下大力气。

针对中国经济"三驾马车"的问题，出口大幅增长已经属于强弩之末，消费在短时间内难有大的起色，而在促进民间投资方面，政府可以有所作为。采取措施降低民间资本的准入门槛，鼓励民间资本进入更多投资领域，保护其投资和收益，促使其健康发展；加大环保以及保障房的投资力度，加强对实体经济在金融方面的扶持力度，这一切都是促进经济平稳发展的关键所在。

2014 年，国民经济没有陷入衰退，却遭受到疲软的影响。其最显

著的表现就是内需不旺。根据国家统计局发布的数据，2014 年，中国
经济最终取得 7.3% 的经济增速，有些出乎我的预料。但是，疲软的困
扰仍在持续，我认为，制约国内消费的因素仍然是信心问题。信心有时
候就如同太阳一样，拥有信心就会感觉到温暖。

九、回 眸

"年年岁岁花相似，岁岁年年人不同。"

谈论完 2014 年的经济，似乎还在为陷入疲软的经济而忧心忡忡。转眼间 2015 年又过去了，忽然想起唐诗中的句子，感觉一年又一年的国民经济状况和诗中的寓意有着许多相似之处。构成国民经济的"花"似乎没有太多改变，只是每年关注的重点和内容已有很大的不同。

2016 年 1 月 17 日是传统的腊八节。冯小姐邀请大家到她闺蜜的茶室小聚。中午的聚会除了喝腊八粥，还有丰盛的菜肴，大家还喝了些白酒。可能是酒的作用，抑或是新年伊始的缘故，朋友们又七嘴八舌地谈论起 2015 年的中国文坛。

谈论告一段落后，范先生发起新的话题："刚刚在电视上看到 2015 年经济年报出炉，大家聊一聊 2015 年的经济吧？"范先生的话音刚落，立即得到朋友们的响应。于是，大家把目光投向我，我没有推辞，建议道："我们今天调整一下以往的模式，改为彼此互动的对话会，你们是嘉宾，我是主讲人，怎么样？"大家觉得挺新鲜，纷纷表示赞同。以下是对话实录：

我：2014 年初，中央将国民经济增长（GDP）目标定位 7.5% 左右，实际上完成了 7.3%。以我当时的观点，经济没有陷入衰退，但却呈疲软状态。2015 年初，中央将 2015 年经济增速 GDP 目标确定为 7% 左右。前不久，国家统计局公布了 2015 年的主要经济数据，宏观经济增速为

6.9%，与年初确定的 7% 左右的增速相吻合。但我要特别强调的是，这个经济增速是中国 1991 年以来的最低增速。

张先生：陆续看了你自 2009 年以来写的部分经济类文章。文章中既有对宏观经济发展的建议，也有对宏观经济的担忧，对大水漫灌式的经济刺激颇有微辞，还一直呼吁经济要保持中速增长，提出要抓紧时机调结构、转方式。你认为，经济增速下降是正常现象吗？

我：从世界其他国家（特别是老牌资本主义国家）的经济发展来看，经济高速增长后趋于下降是一个必然结果，也是正常现象。中国自 20 世纪 70 年代末开始改革开放，经济在很长时间内都保持了两位数增长；进入 21 世纪后，经济增速也一直在高位运行。长达 30 年以上的高速增长不可能长期持续下去，"三驾马车"的发展已经遇到挑战，资源、能源和环境等都要求经济增速降下来，适时调结构和转方式。

高先生：经济增速下降是自身因素引发的吗？

我：有一定的自身因素，但主要受国际大环境的影响和制约。在占全球 GDP82% 的前二十五个经济体中，中国经济增速只略低于印度。尽管经济出现减速，但经济总量、国际贸易总量和对外投资占全球的份额仍在上升。2015 年，全球经济增速约为 3.1%，中国经济尽管下滑，仍为世界平均增速的 2.3 倍。只不过，在世界经济的大环境下，中国经济肯定会受到影响。

冯小姐：你认为中国经济面临的主要问题是什么呢？

我：第一，投资放缓。2015 年，全社会投资同比降至 10%，为 1999 年以来的最低水平。由此可见，"三驾马车"之一的投资已经出现问题；第二，外贸下降。2015 年，中国外贸出口下降 2.8%，是 2008 年金融危机以来首次出现负增长。正是因为外贸出现了负增长，外界据此又炒作所谓的"中国经济崩溃"；第三，结构调整前景不明。因为结构调整不是一朝一夕的事情，需要时间和时机。我曾经在几年前就提到要适时调整，但最佳窗口期已经消失，积累的问题也越来越多。现在，调整的中心工作是推进供给侧结构性改革，去库存、去产能、去杠杆、降成本、补短板等。要做好这些，没有 4~6 年时间恐难见成效。

范先生：你能谈谈对 2016 年的展望吗？

我：我是谨慎乐观的态度。我刚才说过，要用 4~6 年的时间进行产业结构调整。在这样一个时间段里，如果经济增速维持在 6.5%~7% 区间内，就已经很不错了。

接下来，大家又七嘴八舌地讨论了一些其他经济问题。告一段落后，大家还觉得意犹未尽。

腊八粥端上来了。大家一边喝粥，一边聊天，感叹时间过得太快。可不，再过十几天，新一年的春节就要到了！

对于已经过去的 2015 年，我的眼前也如电影般出现了不同的画面。想起不久前还在感叹新能源的"冬天"，又想起刚刚讨论的话题，心中颇有感慨。不过，转念一想，作为世界上最大的发展中国家，能在短短的几十年时间里赶英超日，过关斩将，哪一样不是在奋斗中得来的呢？有奋斗就会有牺牲，没有奋斗哪来今天的成果？

想到这里，我的内心平静了许多，也油然升起一种自豪感。文学可以发挥想象的空间，可以让思绪在自由的天空中翱翔，但发展经济必须脚踏实地，必须同时着眼近期、中期和长远目标。因为国民经济关系到百姓的衣食住行和方方面面，关系到国家的长治久安。面对这一切，决策者和有识之士都会觉得肩上担子的沉重。

位卑未敢忘忧国。从我的朋友们身上能够体味到中国传统士大夫的操守和情怀。千百年来，正是一代代人的努力，中国历史才在困境中一次次重写，才有国家和民族的复兴。想到这里，我的心中涌出一股暖流。我举起手中的酒杯，祝福国家美好的明天。

我有时候会想，回眸并不是因为留恋过去的旧时光，而是为了看清曾经走过的路并从中汲取经验和教训。回眸国民经济的发展历程也是如此：总结经验，汲取教训，再次启程。

十、经济那些事

　　用"年年岁岁花相似，岁岁年年人不同"来形容 2015 年似乎不恰当，但也道出了经济的复杂性。经济关系到民生，关系到千家万户，也关系到国家的政治、军事以及长治久安。在今天的世界经济大环境下，国家的经济发展又和世界经济发展密不可分。正因如此，也为国家发展经济增添了诸多不可知因素，增加了调控和把握的难度。

　　近些年来，在不同的场合，我遇见过不同层级的政府领导，在谈到经济时，许多人都发出这样的感叹：经济那些事，真是——！

　　2016 年过去了，2017 年走来了。又到了谈谈 2016 年经济的时候了！

　　谈起 2016 年的经济，要从我的朋友来京出席全国两会说起。

　　2017 年 3 月初，一个新当选全国政协委员的朋友来京参加两会，请我到其下榻宾馆的咖啡厅小坐。刚坐下寒暄几句，就被正前方墙上悬挂的电视中播出的《新闻联播》打断了。

　　《新闻联播》的一则新闻吸引了我，紧接着把朋友的目光也吸引了过去。国家统计局对外发布 2016 年国家宏观经济数据。根据该数据，2016 年中国 GDP 总值为 74.4 万亿元人民币，同比增长 6.7%。这组数据符合外界预期。

　　这则新闻刚一播完，朋友就把目光投向我，我明白他的心思。朋友在 A 省工信厅任职，从事经济工作多年，非常善于思考，也是一名实干型官员。我知道，他想和我讨论一下宏观经济方面的问题。

　　"你对 2016 年的经济怎么看？"朋友开门见山问道。

"刚才国家统计局公布的 2016 年的经济数据，和我的预期大致相当。"我回答。

朋友看了我一眼，问："根据你的认识，2016 年的经济状况如何？"

我回答："投资、消费、进出口'三驾马车'都比上一年略有回落，说明宏观经济仍然处于下行区间，国内外的经济形势都没有实质性改善。"

朋友看我只说了一句话，放下手中的杯子接着问道："你认为主要问题在哪里？"

我解释说："产能过剩和债务风险这两方面比较突出。产能过剩问题，我们在 2016 年初就一起探讨过这个问题，但债务风险可能没有引起太多人注意。债务风险主要表现在四个方面：一是应纳入却未纳入不良的贷款；二是去产能、降杠杆实行重组或淘汰企业不良贷款；三是房地产行业产生的不良贷款；四是政府类贷款。这些债务风险一旦出现集中违约，将引发连锁反应。"

朋友又问："除此之外，国民经济还存在哪些问题呢？"

我答："投资下滑和经济趋冷。2016 年出现三个'首次'：一是首次出现民间投资断崖式下跌；二是首次出现民间投资增速低于全国总体固定资产投资增速；三是首次出现民间投资占全国投资的比重大幅度下降。特别是民营企业投资增长几乎为零；与此同时，大量资金外流寻求高投资回报。"

朋友插话道："有没有一些好的趋势呢？"

我答道："好的趋势就是 PMI（中国制造业采购经理指数）、发电量增速、铁路货运量增速等指标总体表现良好。从这方面看，经济发展中还是出现了一些积极的信号。"

朋友又问："你认为未来起作用的是工业还是房地产？"

我答道："当然是工业，特别是一些新兴产业。随着调结构和转方式的不断深入，一些积极因素会凸显出来，未来拉动中国工业发展的一定是高新技术产业。至于房地产行业，在 2016 年曾起到重要作用，还曾出现过热的现象，对提升 2016 年的经济确实起到了积极作用。但房地产是一把双刃剑，负面作用也很大，加上一些地方经济过分依赖房地产，会给健康的经济发展带来隐患。"

朋友好像突然想起了什么似的，问道："人民币汇率情况如何？"

我想了想："2016 年，人民币对世界主要货币的汇率在贬值过程中保持了弹性。因人民币贬值，国内经济不佳，民间投资不振，造成资本外流增多。"

朋友听后，有些迟疑地问："你觉得最困难的时期过去了吗？"

我想了一下，答道："两年前，中央提出了新常态。对于中国经济来说，处于正常区间，既没有那么好，也没有那么糟糕。由于受世界经济大环境的影响，中国经济"三驾马车"的特点决定了中国必须经历这样的阵痛期。启动和培养内需市场需要一个较长的过程，在这个过程中，方方面面要做许多的事情。如果你要问我这个过程需要多久，我想，如果希望进入到一个比较理想的状态大约需要 5~8 年以上的时间。现在，资本要素投入放缓，投资回报率下降，人口红利逐渐消失，劳动生产率下降等诸多问题。这一切都要在未来的时间里逐步解决。"

朋友听了我的观点后陷入了沉默。看到朋友沉默的表情，我有些后悔刚才说的话，就换了一个话题："尽管中国经济存在着许多问题，但在一些方面已经呈现亮点，对于中国这样的大国，任何事都不可能一蹴而就！"

在几天后的两会开幕式上，总理又一次展示了政府高层的决心和雄心。务实的语言激励着大家，我认真地聆听了政府工作报告并阅读了相关会议内容，心里是平静和踏实的。

在总理所作的政府工作报告中，经济工作仍然是重要内容，2017 年的经济增速被确定为 6.5% 左右。

这是一个务实的目标。尽管最近几年经济目标在不断降低，但我对此持肯定态度。经济发展既要重质又要重量，要努力做到质与量的统一。从新一年宏观经济目标的确定可以看到国家的进步，也可以看到务实之风在经济领域的确立和形成。

十一、又一个节点

如果把 2008 年作为中国经济一个重要节点的话，似乎又一个节点在 9 年后来临。

近几年来，中央本着务实的态度在制定宏观经济目标时通常将宏观经济目标设定在一个灵活的区间。从数据上看，连续几年经济指标均在设定的区间内。

2017 年刚刚过去。在 2018 年的"大寒"日，朋友们又一次相聚在居酒屋，围炉畅饮，迎接新的一年。

大家甫一落座，高先生就抢先问大家："知道 2017 年最火的电视剧是什么？"话音刚落，冯小姐抢先答道："《人民的名义》。"

我看了这部剧，确实拍得不错。大家都看过这部剧，于是，围绕这部剧的内容品头论足一番。

我没有和大家一起评剧。范先生似乎看透了我的心思，悄悄地问我："对 2017 年中国经济怎么看？"

看到我和范先生嘀嘀咕咕，大家停止了讨论，纷纷把目光对准了我们。我清了清嗓子，说："2017 年的中国经济数据前两天出炉了，GDP 突破 80 万亿元（82.72 万亿元人民币），经济增速 6.9%（国家统计局最终核实调整为 6.8%）。"大家听到这里，脸上都呈现出惊讶的表情。

我接着说道："这是自 2010 年以来宏观经济首次扭转下降趋势，实现企稳回升。"

张先生听到这里，忙问："这个回升趋势能够持续吗？"

我连忙回答："中国经济已经步入新常态，正如最近几年我反复强调的那样，经济将在长时间内保持中速增长。如果中国经济一直能够在重质的前提下在 6%~7% 的区间内运行都是良好的。"

不知什么时候，张先生来到我的身旁，听了我的话后，插话道："2017 年的中国经济有哪些亮点？"

"有以下这些亮点。"我请张先生坐下，然后说道，"居民收入跑赢GDP 增速；就业情况比较好；企业效益明显好转；在进出口方面，终于结束连续两年下降的趋势实现正增长；物价涨幅平稳；经济转型取得成效；供给侧结构性改革也有较大进展；质和量均有改善。上述数据和结论来自国家统计局公布的资料，我注意到外界对 2017 年中国经济的研究和评估，想在这里介绍一下。2016 年 12 月 13 日，亚洲开发银行再次修改对中国经济的预期，从最初 6.5% 调整到 6.8%。除此之外，世界银行、联合国、摩根大通、汇丰银行等多家国际组织和金融机构也纷纷上调预期；IMF 连续 4 次上调预测值，最新预测是 6.8%……"

冯小姐着急地问了一句："中国经济全面复苏了吗？"

"或许还不能认定为全面复苏，只能说好于预期。之所以好于预期，是因为对外贸易作出了较大贡献，但人民币升值较快对出口有负面影响；此外，环境保护、去杠杆和防止系统性风险等工作仍然比较艰巨。因此，不能轻言复苏。"

高先生一直没有说话，听我说到这里，突然问道："政府在 2017 年的宏观经济方面主要做了哪些工作呢？"

我说道："主要做了以下几方面工作：① 稳通胀。2017 年初曾经出现通胀苗头（2017 年政府定下的目标就是 CPI 不超过 3%，PPI 不超过5%）；② 稳外汇。一个是汇率，一个是外汇储备；③ 稳资产价格。主要就是抑制资产泡沫；④ 稳实业；⑤ 防控金融风险。对这些工作的重视，就为实现 2017 年的目标打下了基础。"

"有哪些问题要注意呢？"冯小姐问道。

　　"民营企业信心不足需要提振，相关激励政策和措施需要落地；切实推动国有企业混改；进一步推进金融体制改革和寻找新的经济增长点。"我回答。

　　过去常说，前途是光明的，道路是曲折的。2017 年的答卷总体上令人满意。或许，2017 年是一个节点，但还要看未来的经济表现才能证明这个预测正确与否。

　　假如 2017 年成为经济趋向健康的节点，就可以得出初步结论，前几年的调控以及转型工作取得实效，包括供给侧结构性改革以及经济新常态的确立都是经济企稳的信号。

　　"2018 年的经济表现又会怎样呢？ 2018 年的经济发展实绩能否佐证 2017 年成为经济向好的节点？"我暗自思忖。

十二、熔　断

轻风淡月，年年去路。谁识小年初度。桥边曾弄碧莲花，悄不记、人间今古。吹箫江上，沾衣微露。依约凌波曾步。寒机何意待人归，但寂历、小窗斜雨。

——宋 刘辰翁《鹊桥仙·自寿二首》

农历腊月二十三民间俗称为"小年"。范先生再过几天就要回台湾过年，这一次聚会应该是朋友们在农历鸡年的最后一次聚会。大家见面之后，都很好奇冯小姐为何邀请大家吃饭。

几位老友纷纷猜测是不是冯小姐又有畅销书出版大赚了一笔。听到大家的猜测，冯小姐一直笑而不语，在被问急了之后，她反问大家："你们知道 2018 年十大经济事件是什么吗？"

大家听后纷纷摇头，又把目光转向我。我也想不出冯小姐究竟葫芦里卖的什么药，迟疑了一下，也摇了摇头。

冯小姐看了一下大家，一本正经地说道："2018 年 10 月 11 日，美股全线暴跌，道指大跌超过 3%，科技股跌幅超 4%。受此影响，A 股市场 10 月 12 日跳空低开，中石油补跌，沪指跌破 2016 年初的熔断底 2638 点后大幅下跌，跌幅超过 6%。这是 2018 年十大经济事件之一。"

大家听了冯小姐的讲述后吃了一惊，原因是，冯小姐以前很少谈及股票、证券等。尽管近 10 多年以来，她对经济的兴趣大增，但始终没听说她炒股。

张先生看着冯小姐问道："股市大跌与你有什么关系？"

"当然有关系啦！近几年，我一直委托一个朋友带我炒股票，而且收获颇丰。在这次'熔断'前几天，我们成功套现出局，赚了一笔，又在年底的时候大笔买入，现在又盈利了。这样一来一回，比我出版几本畅销书都赚得多，你说该不该庆贺呢？"听了冯小姐的话，我们都大为吃惊，谁都没想到在我们身边竟然还潜伏着一个炒股高手。

"我尽管不经常下场操盘，但我的感觉还是很好的！我的感觉和财经知识，其实与诸位多年来讨论的经济和金融话题有很大关系。正因如此，我要请你们吃饭！"冯小姐真诚地说道。

大家听后又是一番感叹。张先生感叹自己一直盯着房价，又遇到了限购，却没想着去股市历练一番；高先生是机关干部，平常也只是买一些基金；范先生曾经在台湾炒股赚了一些钱，来到大陆后却始终没有在A股市场上一展身手。听了冯小姐在股票市场上的战绩，大家纷纷举杯祝贺冯小姐，张先生还口口声声要拜冯小姐为师。

酒酣饭饱之后，大家又围坐在一起边喝茶边聊天。不知从什么时候开始，话题又转到了经济方面。

范先生率先问道："2018 年的宏观经济情况如何？"

"1 月 21 日，国家统计局对外发布了 2018 年国民经济运行情况。GDP 增速为 6.6%，国民生产总值超过 90 万亿元人民币，比 2017 年多了 8.8 万多亿元；楼市降温、民间投资增加、失业率低于 5%；人口出生率虽然连续两年下降，我认为，人口红利仍在。"我答道。

"这是国家新闻发言人说的话，我们想听你的看法！"冯小姐有些不满地插话道。

"这些也是我要说的内容。中国总体表现让人满意。满意是有依据的。例如，固定资产投资转暖，社会消费品零售继续企稳，居民收入可能跑赢 GDP 或持平，这都是 2018 年的经济亮点。"我呷了一口茶水，继续说："2018 年的这组经济数据来之不易。因为，这一年，中美贸易摩擦升级，'民营经济退场论'妖风又起，国内经济政策严重波动，企业及投资者信心有待增强等。在这样的情况下，能取得这样的成绩值得欣慰。此外，就是人民币汇率问题。受中美贸易摩擦的影响，人民币兑美元汇率从年初的 6.5 左右，先升至 3 月底的 6.27，后又随着贸易摩擦升级，持续贬值到 6.97，到 12 月初的时候回落至 6.87 左右，贬值幅度达到 11%。另外，2018 年，房地产仍然是中国经济的定海神针，没有出现大起大落，房地产的繁荣继续维持。"

　　说到这里，我端起杯子呷了口茶水。这时候，范先生插话道："特朗普上台对中国经济负面影响大吗？"

　　"比较大！特朗普反复无常的性格也体现在美国政府的态度上。特朗普政府持续打压中国，对中国的外经贸影响较大，也影响外资的信心。大家都知道，中美是世界上最大的两个经济体。如果两大经济体打架，结果就不是全球咳嗽那么简单，而是发烧的大事！中美之间的摩擦会在特朗普任期内持续存在，外经贸也将持续受到影响和制约。"

　　这个话题结束后，大家都没有再言语，每一个人都在专注地品茶，好像满腹心事一般。最终还是由冯小姐打破了沉默："你们说，为什么熔断机制在中国证券市场水土不服呢？"大家没有人能回答出来。停了十几秒钟后，冯小姐继续问道："你们对中国的证券市场有什么样的期待？"

　　我对证券没有什么研究，没有回答的资格。大家都将目光投向范先生，范先生以没有炒过 A 股为由谢绝评论。看到大家的态度，冯小姐又继续表达自己的观点："我从近年来政府不断出台的政策法规和治理力度看，A 股市场还是有希望的。对于熔断这种舶来品则需要认真研究和评判，不是所有在国外证券市场屡试不爽的东西拿到中国就一定好用！这也许就是中国特色吧！正因为我看好中国的资本市场，所以，我将投入一部分时间研究它，还要花更多的时间亲自操盘。也许有一天，我可以写一本描写股票市场的文学作品。"大家听后纷纷鼓掌给予鼓励。

2018 年匆匆过去了。又想起在 2018 年初的时候，我还对 2017 年是否成为经济向好的节点心存疑虑。经过对 2018 年宏观经济的总结，可以肯定，中国经济正走在复苏的道路上。尽管还存在一些问题，但经济向好的大趋势不会熔断，希望在 2019 年的经济年轮中，中国经济能有更好的表现。

想到这里，一首白居易的诗从脑海中跳了出来：

新栽梅

池边新种七株梅，欲到花时点检来。

莫怕长洲桃李嫉，今年好为使君开。

十三、花开花落又一年

> 拂旦梅花发一枝，融融春气到茅茨。
>
> 有花有酒有吟咏，便是书生富贵时。

2020 年 1 月 20 日是农历"大寒"日。早上起床，刚打开手机，微信里就收到高先生发来的明代祝允明的诗——《新春日》。

2020 年的春节除夕是 1 月 24 日。几天前，高先生就给朋友们发来微信说，由他做东，邀大家在"大寒"日聚一聚，提前祝贺农历新年。

看到高先生发来的诗，我忙问："你家门口的梅花开了吗？"不一会，微信中传来一张照片，梅花果真开了，只不过不是一枝而是许多枝。高先生近年经常应邀作演讲和报告，尽管彼此见面聊天的机会少了，但在微信群中仍经常互动。

高先生还考虑到范先生要照顾店里的生意，特意把聚会地点定在居酒屋。

我一踏进居酒屋的大门就大声问高先生："你带花了吗？"听到我的问话，高先生像变魔术般从身后的纸箱中拿出几枝梅花，道："有花还有酒。"边说边从包里拿出两瓶茅台。

"真是书生富贵时！"张先生不知什么时候也进了门，随口笑道。

冯小姐也准时到达。冯小姐将大衣脱下放妥后，转身看到我立即悄悄走过来把我拉到一边，小声地说："据说，武汉出现了一种传染病，传染性极强。你知道这事吗？"我一周前也听武汉的校友说起这件事，但没当回事，今天听到冯小姐言及此事，心里不免一沉。

范先生安排好饭菜后从操作间出来，看见我在柜台边和冯小姐小声嘀咕，有些好奇地凑过来。我急忙岔开话题问范先生："回台湾过春节吗？"范先生回答，不回去了，原因是他的母亲2019年去世了。因为没有了牵挂，过年也就可以随心所欲了。我对范先生说，如果没有别的安排，就去我家一起过年吧。范先生说，他已经约了几个台湾朋友春节期间在上海聚一聚。

正说话间，凉菜已经端上桌，小火炉也点燃了，张先生示意大家抓紧坐下，高先生开始给大家斟酒，然后举起杯致祝酒词。

范先生也走过来，侧着身坐在榻榻米上，端起酒杯和大家碰杯。我端起酒杯和范先生碰了一下，一口干掉酒杯中的酒，问范先生："去年的生意如何？"范先生笑着回答，"一年比一年好吧。"最近几年来，在每年多次的聚会中也能感受到居酒屋的生意越来越好，范先生除对税收有点意见外，对经营环境和收入都比较满意。

高先生提了三杯酒之后，大家开始觥筹交错，相互敬酒，祝贺即将到来的新春。

范先生似乎有话要说，他悄悄扯了下我的衣袖，举起酒杯和我碰了一下，道："你对2019年的宏观经济怎么看？"

"国家统计局前几天（1月17日）正式对外公布了2019年国民经济运行情况，我也刚刚认真看了一遍。"我对范先生说道，"2019年，GDP总值为99.1万亿元人民币，比2018年增长6.1%，实现了年初两会提出的6%~6.5%的预期。你们也可能注意到，6.1%已经接近区间的底部。不过，我几年前就已经反复强调，保持中速增长是中国经济的常态。我赞成这种实事求是的态度。范先生，你对美国情况比较熟，你测算一下，按目前的汇率平均值，中国的GDP大概相当于多少万亿美元。"

范先生听后点点头，口中念念有词："15万亿美元左右吧！"

由于世界经济总体偏弱的影响，2019 年全球经济实际增长只有 2.4%，比 2018 年低 0.6%；美国只有 2.3%；欧元区国家和日本都在 1.1% 上下；印度约为 5.5%。中国在这种环境下能取得这样的成绩可喜可贺！

"你觉得还存在哪些问题呢？"范先生诚恳地问道。

"问题主要是经济有进一步下滑的趋势；企业债务比较严重，债务违约风险加大，特别是民企压力更大；就业虽然持续扩大，但隐形压力仍然不容小觑，特别是每年大量高校毕业生的就业压力；外贸外资逆势增长，只是这种增长的前景仍不明朗；此外，经济效益走弱，工业企业利润由正转负，这种现象也不容忽视。但有一点要说，那就是股票市场不错，大家在股市上有了收益，老百姓脸上有了笑容。你虽然在大陆不炒股票，但股票市场好了，到你这里吃饭的人多了，你的生意也就好了。"范先生听了这句话，脸上漾起笑意，举起手中的杯子和我又干了一杯。

这时，张先生起身端起杯子，正色道："我过完春节就准备退休了！不过我还是希望继续参加以后的聚会活动，希望你们不要嫌弃我！"大家听张先生说完这句话后，纷纷举杯祝他荣退，也表示欢迎他继续参加我们的聚会活动。高先生也举起酒杯，告诉大家自己的儿子高中毕业被美国斯坦福大学录取，春节后就要启程，我们又举杯祝贺高先生。

春节后，因为新冠疫情，范先生的居酒屋被迫停业；我的工作计划也被彻底打乱，在焦躁的等待中，只能祈祷疫情早点过去。

疫情让人们重新去认识自然、世界和人类自己。看似可以为所欲为，实际上，人类很脆弱也很渺小。

2020 年春节后，我开始系统地阅读一些早已列在计划中的书籍。这是张先生的建议。他也在读书的同时开始整理自己多年的文字。从 2020 年春节到 2021 年春节，我陆续阅读了数十本国内现当代名著，也重读了唐诗和宋词选编。

2021 年春节前，我将一年来读完 69 部作品的消息告诉高先生，并把一首刚读到的辛弃疾的《汉宫春·立春日》发给他：

　　春已归来，看美人头上，袅袅春幡。无端风雨，未肯收尽余寒。年时燕子，料今宵梦到西园。浑未办、黄柑荐酒，更传青韭堆盘。

　　却笑东风从此，便薰梅染柳，更没些闲。闲时又来镜里，转变朱颜。清愁不断，问何人会解连环。生怕见花开花落，朝来塞雁先还。

十四、"黑天鹅"的冲击

"度尽劫波兄弟在，相逢一笑泯恩仇。"这是 2020 年 12 月 31 日晚张先生发在微信朋友群中的诗。

自 2020 年初疫情暴发一直到年末，朋友们一直没有齐聚过。平常大家都是在微信群中互致问候，互通信息，分享心得，也诉说心中的烦闷和不快。

进入 2021 年后，国内疫情得到有效控制，民众的生活也逐渐恢复正常。范先生的居酒屋在 2020 年国庆节期间重新开张。看到范先生在朋友圈中分享的照片，感觉生意在逐渐恢复。2021 年元旦过后，朋友们就在微信群中张罗着要聚聚，范先生也多次邀约大家到居酒屋小聚。只是几个朋友在年底年初之际格外忙碌，总是凑不齐，聚会一拖再拖，春节期间，又有人因为去外地探亲而错过机会。直到元宵节后，大家才终于敲定时间，相约 2 月 28 日在居酒屋小聚。

居酒屋在疫情中经历了关门、营业、再关门、再开门数次反复，直到 2020 年国庆期间，随着国内疫情出现根本性好转，居酒屋才得以重新开门迎客。2020 年疫情期间，我多次从居酒屋门前经过，看到关门闭户的居酒屋，几次想进去和范先生打个招呼，但最终没有敲门。主要考虑到面对突如其来的疫情，不知道该如何安慰范先生。

冯小姐 2020 年 5 月才辗转多国回到国内。因在国外滞留太长时间，导致出版合同违约，惹上了官司，心情一直不佳。

张先生 2020 年办了退休手续后又被单位返聘，工作比较清闲。

高先生的儿子原计划在 2020 年春节后去美国留学，国内疫情发生后，行程迟滞，只好一直待在家里。等到国内疫情被控制后，美国疫情又趋于严重，家里人对儿子赴美深造非常担忧，最终放弃了赴美的打算，选择在国内的大学继续深造。

随着国内疫情基本得到控制，范先生的生意从 2020 年国庆节期间开始重新步入正轨，经过几个月的恢复，营业收入基本达到 2019 年的同期水平。2021 年大年初五居酒屋恢复营业之后，生意一直比较红火。范先生想到大家已经很长时间没有聚会，就想趁着春节的气氛尚在，请大家一起聚聚。

即将进入 3 月的北京已经有了春天的气息，路上的行人已没有了臃肿的感觉。走到居酒屋的门前，我的心中涌动着一种久违的情绪。走进大厅，此时的居酒屋刚刚开门不久，还没有客人。范先生手里拿着抹布小心地擦拭着桌子和柜台，从后面望过去，范先生的头发几乎全部变成了灰白。想起 10 多年前和范先生初识时的情景恍若就在昨天。还记得，刚认识范先生的时候，他曾经告诉我们，他比"小马哥"（马英九）小整整 10 岁，这么算起来，范先生已经 61 岁。正在我若有所思的时候，范先生看到了我，他快步走过来，伸出双臂和我热情相拥。恰在此时，冯小姐从门外走进来，看到这一幕立即红了眼眶。范先生看见冯小姐进门，也和冯小姐轻轻相拥；张先生和高先生相约一块乘车过来。他们刚跨进居酒屋大门，范先生就快步迎上前去和他们一一相拥。

在"榻榻米"隔间坐下后，范先生给每一个朋友都泡上了一杯台湾高山乌龙茶，大家在相互打量一番后，又是一阵唏嘘。

还是张先生率先打破了沉默："度尽劫波兄弟在！看到大家身体健康，比什么都高兴。"话刚说到这里，冯小姐的眼中已盈满泪水。高先生拍了拍冯小姐的手背，冯小姐扭过头拿出纸巾轻轻擦拭了一下眼角。

张先生接着说，"这一场疫情让我感受到了生命的脆弱，也让我倍感友情的珍贵！在这一年多时间里，我哪里也没去，待在家里看书、写书，一本新书即将完成。我特别珍视我们之间的友谊，特别是这十几年来在居酒屋的定期和不定期聚会，让我度过了人生最美好的一段时光！我感谢大家，感谢上天让我认识了你们！有你们真好！"说到这里，张先生有点说不下去了。

高先生赶忙又在张先生的手背上轻轻拍了几下。范先生这时候带着服务生将菜端上来，听到张先生的话，立即转身从柜台后面拿出一瓶茅台酒，并亲自给大家斟满，举起酒杯，道："要说感谢，首先说感谢的应该是我！我从海峡对岸来到北京，起初不认识几个人，是上天让我在那个时候遇见你们，你们给了我亲人般的温暖。从你们的身上，我感受到了亲情的快乐。实际上，我早就把你们当成了我的兄弟姊妹，你们早已成为我生活中的一分子。为了这个缘分，也为了我们永远做亲人，干杯！"说完，范先生仰起脖子一饮而尽。大家也随之把杯中的酒倒进口中。

接下来的气氛开始变得轻松和愉快，大家彼此说着自己过去一年的感受，也说着发生在自己身上的事情。当桌上的酒菜被席卷一空后，酒足饭饱的我们又围坐在火炉旁边聊天边喝茶。

范先生悄悄地走到我的身边坐下，用手摆弄了一下灰白的头发，"你怎么看 2020 年的经济？"我拿出手机，打开手机上的新闻给他看："国家统计局已经公布了 2020 年的宏观经济数据。2020 年，全年 GDP 数值是 101.6 万亿元人民币，比上一年增长 2.3%。这个数字尽管很低，但来之不易。要知道，世界经济都是一片惨淡。中国大陆的经济突破 100 万亿大关，实在难得！你应该知道，2020 年第一季度是负数，第二季度才开始转正。进入下半年后，随着复工复产规模的扩大，形势逐渐好转。由于从 2020 年下半年开始，疫情席卷全球，使全世界的防疫物资出现严重短缺。正是因为这个原因，带动了中国大陆防疫物资的出口，从而带动了相关产业的发展，也促使外贸形势好转。可以预计，疫情在短时间内还不可能完全被遏制，而由于严格的防疫措施反而使中国大陆成为'净土'。我预计，中国大陆在 2021 年还会继续保持经济的稳定增长。

由于国际旅行的基本停止，国内旅游市场将会进一步活跃，这对你的居酒屋生意是利好因素。"听到这里，范先生拿起手中的茶杯和我碰了一下，然后踱到其他几个朋友的身边聊天。

屋外的太阳渐渐西斜了，大家还没有告辞的意思。店里陆陆续续来了一些客人，范先生不时抽身和进店的客人打招呼，而我们则彼此东一句西一句闲聊着，不经意间，天渐渐地黑了下来。

范先生又给我们拿来了啤酒、清酒以及各种小吃，大家又开始觥筹交错，似乎忘记了时间的存在。

当大家有些踉跄地走出居酒屋的时候，已经晚上九点多钟。刚才在居酒屋的时候，看了《新闻联播》才知道两会开幕在即，中国又将进入一年一度的两会时间。

晚上的风似乎还有些凉意，路上的行人也不多。在地铁入口处，我和大家挥手告别，约定不久后再聚。看到他们消失在扶梯的尽头，我才转身向小区大门的方向走去。

春天走来了，初夏走来了，盛夏伴着 7 月的雨季也来了。

2021 年 7 月 15 日，国家统计局对外发布国家上半年经济数据，GDP 总值达到 53.2 万亿元人民币，尽管我有一定的思想准备，但上半年 12.7% 的经济增长还是稍有些超出我的估计。应该说 2021 年上半年的经济是亮眼的，上半年 12.7% 的经济增长率之所以超出我的预估，是因为 2020 年同期的 GDP 增长是负数。经过一年的努力，经济正在走上正轨。下半年的经济增速同比或许会下降，但全年 GDP 增长应该在 9% 左右；全年 GDP 总量预计可以超过 107 万亿元人民币。按照 6.45 : 1 的美元兑人民币汇率，合 16.5 万亿美元；如果这样的话，中美之间 GDP 的差距将进一步缩小（美国 2021 年 GDP 为 20.93 万亿美元，增长为负 3.5%；如果美国 2021 年 GDP 能够在 4% 或 5% 的水平，GDP 分别是 21.76 万亿美元和 21.97 万亿美元）；人民币汇率继续保持升值态势，总体汇率在 6.40 : 1~6.50 : 1 的区间波动；由此预测，在汇率保持稳定的情况下，中美之间 GDP 差距会在 2026 年至 2028 年基本持平，但人均 GDP 差距仍将很大。

我还注意到，此前几天，中国商务部对外公布经济数据，中国 2021 年国内消费占国民经济比重已经超过 61%，这是一个积极的信号。但考虑到疫情的影响（2020 年的旅游市场遭受重创），2021 年春节后的旅游热属于一种补偿性消费。国内消费能否持续保持向上攀升还需继续观察。

中国政府"3060"目标的推出，为中国未来产业转型升级指明了方向。这方面潜在的市场孕育着百万亿级的投资规模。

对外经济方面。抗疫物资的出口还会继续加大。中国经济的恢复有待于疫情结束，世界经济的复苏还有待时日。

我将自己对 2021 年经济的看法编成一条长长的信息发在微信群中。微信发出不久，张先生在微信群中问道："2021 年，中国经济还会一枝独秀吗？"我的回答是："基本上还是一枝独秀，但成本很高。"

范先生问道："国家还会继续投资拉动吗？"

"拉不动了！各级财政都要继续过紧日子了！"

高先生问："你怎么看 2021 年的民生和就业情况？"

"民生和就业一直是重点，但就业压力依然较大！"我答。

冯小姐问："你认为人民币汇率会是怎样的走势？"

"基本保持稳定。应该会在 6.3 ~ 6.5 区间徘徊。尽管美国不断印钞放水，但中国会继续保持人民币汇率走稳走强。不会采取贬值的方式。"

大家看到我的答复后，纷纷回了一个个喜庆的笑脸。

夜里，夏雨又开始"噼噼啪啪"敲打玻璃。我走到窗前索性把窗子打开，顿时，雨滴溅起的雨星和清凉的雨风一起挤进书房，满耳都充满了"唰唰"的声响……

我想着过去的 2020，也想着正在经历的 2021；我思考着经济，也思考着文学与社会，又想起我的朋友们。忽然想起日本作家村上春树的一句话："且听风吟，静待花开。"但又觉得诗人顾城的文字对描述2020年和2021年更妥帖："我相信，那一切都是种子。只有经过埋葬，才有生机。"

从2020年到2021年，中国经历了"黑天鹅"①事件，经历了痛苦，但信心和希望仍在，它们会成为种子，终能等到生机勃发的日子到来。

---

① 在17世纪之前的欧洲，人们认为天鹅都是白色的。后来，在澳大利亚发现了黑天鹅。随着第一只黑天鹅的出现，欧洲人头脑中的观念崩塌。黑天鹅的存在寓意着不可预测的重大稀有事件，它在意料之外，却又改变了一切。2020年疫情的发生就可以被理解为"黑天鹅"事件。

十五、围炉煮茶话经济

　　我现在想做的，就是以优美的文字和语言铭记那些刻满了经济符号的逝去岁月，并为远去的 2023 年送行。

——题记

　　居酒屋在 2023 年春天里重新开张，到下半年，客流量已经恢复到 2019 年的水平，再加上网上销售量的增加，范先生忙得不可开交。为此，居酒屋新聘了一个厨师和一个服务生。

　　"春幡：春天的漫谈"之后，范先生又将居酒屋内部进行了较大的调整，把几个利用率不高的"榻榻米"隔间除保留一个外，其余都改成了可以坐在高凳上聊天的吧台。居酒屋的生意更红火了。

　　清明节前，范先生回到台湾，按照母亲的遗愿将母亲的骨灰带回大陆，与早年去世的父亲合葬。这一切办妥之后正准备从江南回京，恰逢马英九先生带团到大陆参访，上海的台商联谊会邀范先生一起在上海和马英九一行座谈了一次。等到范先生回到北京已是 4 月中旬。

　　4 月的北京已是林徽因笔下的模样和感觉。或许是受到明媚春光的感染，朋友们不约而同地想到了聚会。"谷雨"节气到了，最美的北京正在 4 月里绽放。我们再一次相约并相聚在春天里。

　　这一次聚会十分罕见地没有饮酒，而是围坐在一张茶桌旁，看范先生像变魔术般从柜子里拿出珍藏的普洱茶，让服务生将炉子安装好，又拿出一套煮茶的器具，亲自给我们表演煮茶技艺。而我们则围坐在茶桌

203

旁一边欣赏煮茶技艺，一边认真品尝着。

茶香袅袅，笑语盈盈。大家又回忆起不久前的"春幡：春天的漫谈"，重温着聚会中的话题和观点。在热闹的气氛中，大家又回想起 18 年前的那个春天——我们和范先生的第一次相聚仿佛就在前天。

浓郁的茶香弥散在空气中，"咕噜噜"煮茶的声音让我感受到了人间烟火的味道。大家热热闹闹地喝了七八泡之后，范先生又张罗着换一种茶继续品尝。就在范先生准备新茶时，张先生走过来，将一本签着他名字的新书送给我。我知道，这本书是张先生在疫情期间完成的。书刚刚出版还散发着墨香。张先生又将签了名字的新书分别送给在座的其他朋友。范先生看到张先生将书送给他，连忙掏出纸巾将手擦了擦，然后恭恭敬敬地接过书，又急忙打开翻阅目录。看着范先生手忙脚乱的样子，冯小姐主动走到范先生原先的座位上煮起茶来。高先生也在此时打开手提包从中拿出几本书。原来，高先生前不久将近几年的认识和思考系统整理后编纂成书。新书刚刚出版，出版社几天前给高先生寄来了几本，高先生就把这几本书带来分送给朋友们。

看到张先生和高先生都出版了自己的新作，冯小姐边煮茶边告诉大家，她也写了本书——一本描写一个家庭主妇如何成为股神的小说即将出版。冯小姐话一出口，大家的情绪立即被点燃了，原因是，冯小姐曾经悄无声息地炒股赚了大钱，如今又从一个出版商华丽转身成了财经作家，着实让大家刮目相看。大家七嘴八舌祝贺一番之后，又把目光投向我。我明白大家的意思，就接过话题告诉大家，经过两年的反复打磨修改，我的第一本以散文的语境和形式写就的经济学书籍也将在近期出版，正在最后修改润色阶段。因为没有先例可循，我衷心希望这本书能够得到朋友们的首肯和青睐。大家听后又是一阵道贺之声。

正在埋头翻书的范先生听了我的话抬头看着我，道："这本书是一本文学和经济学结合比较紧密的著作，具有里程碑意义，理当祝贺！我们在期待这本著作早日出版的同时，能否请你谈一谈 2022 年和 2023 年的经济并展望一下 2024 年的经济？"

听了范先生的话，大家顿时安静下来并把目光聚焦在我的身上。4 月的春天在窗外绽放着热烈和明媚，屋内的气氛似乎比外面的春天更热烈。

"如果仅从经济的角度说，2022 年是近 10 年来最具挑战性的一年。由于疫情的反复带来不利影响，国家原定 5.5% 左右的 GDP 经济增速最终只有 3%（这个数值是在 2021 年较低的基础上取得，说明 2022 年经济受到的影响很大）。尽管 GDP 总值达 121.02 万亿元人民币，但和上一年相比，和美国 GDP 总值之间的差距进一步拉大。还有一点值得关注，中国人口在这一年第一次出现了负增长。尽管 CPI 全年平均只有 2%，但居民存款却突破 17 万亿元人民币。从这一数字分析，居民的消费意愿明显下降。存款额的大幅上升，说明居民对未来不确定性的担忧。

"2024 年 1 月，国家统计局公布了 2023 年国家宏观经济数据：全年 GDP 总值达 126.058 万亿元人民币，GDP 增速达 5.2%。5.2% 的经济增速有些超出我的预料。如果按 2023 年 12 月末的汇率计算，中国 2023 年 GDP 总值相当于 17.76 万亿美元，和美国的 GDP 总值相比差距进一步拉大。但只要经济真正回升向好、稳中有进，中国的经济就有希望。但民营企业家的信心仍然有待恢复，国家仍然要在促进民营企业发展方面下大力气，动真功夫。从民众不愿消费以及存款额上升这一点上可以看出，百姓对未来预期仍然存在担忧。

"好在疫情终于结束了。最可敬的是中国的企业家们。疫情刚刚过去，众多的企业家就迫不及待地行动起来。许多地方政府也将工作重点转向经济重启和民生改善。2022 年的冬天是寒冷的，2023 年的信心仍然需要继续增强，但只要不折腾、不回头，中国的经济发展就有希望。

"2024 年初以来，全世界都将目光聚焦中国，许多国际著名的经济组织（包括 IMF、世界银行等）纷纷上调了 2024 年中国经济预期。多方预测中国全年经济增速在 5%～5.5%。我个人认为，在国际政治局势和海峡两岸形势不发生根本变化的前提下，中国 2024 年的 GDP 增速应

该在 5.3% ~ 5.8%。"

"2024 年中国的内外部环境是否存在不确定性？"高先生放下手中的茶杯插话道。

"内部环境应该会不断趋好，中国经济最大的不确定性在外部，特别是中美关系对中国经济的影响。随着西方国家持续打压中国，外向型经济会受到影响。"

"中国应该怎样趋利避害呢？"冯小姐悠悠地问了这样一个问题。

"引导和促进内需的持续扩大。因疫情的影响，近几年国内消费出现萎缩。原因主要是信心问题。正是因为对未来不确定性的担心，百姓不敢消费。中国在 2024 年乃至未来较长的时间里，持续推动国内消费的扩大和升级，培育新的国内市场和国内经济增长点是重中之重。"

"你能展望一下未来几年的中国经济吗？"张先生很认真地看着我一字一句地问道。

"那我就简单地谈一下我的个人认识。中国经济的重启键在 2023 年初按下后，已经交上了一份相对满意的答卷。在今后几年里，如果 2024 年经济发展势头能够持续下去，2024 年度的 GDP 增速应该能达到 5.3% ~ 5.8% 的水平。届时，中美经济总量之间的差距将进一步缩小。但外部环境仍然比较复杂，练好内功，积极培育国内市场是 2024 年以及未来 10 年或更长时间要做的工作。2024 年，需要关注的还有高校毕业生的就业以及民生问题，切实做好这两件事对社会的稳定和发展至关重要。

"在 2024 年两会上，中央提出了打造'新质生产力'的目标和要求。在未来几年里，围绕打造'新质生产力'，上上下下都会持续关注和发力。这是促进未来经济发展的核心。我大胆地预测一下，在 2024— 2027 年几年间，中国的 GDP 增速会保持在 5% ~ 5.5% 的水平（前提是国际环境没有大的变化）。我个人预计，2027 年或许是中国经济发展的一个重要节点。"

　　我的话结束后，紧接着是一阵沉默。大家默默地端起面前的茶盅小心地吮吸着，似乎都在思考着什么。炉子上的茶壶冒着热气，间歇性地发出"咕噜噜"的声响。

　　中午的阳光懒散地将光线洒进屋内，窗外不时传来若有若无的鸟鸣。

　　突然，一阵久违的笛声从窗外传来。笛声干净、悠扬，清澈、婉转，契合着春天的节拍和气韵。正当大家沉浸在笛声中的时候，张先生吟出了一句诗："谁家玉笛暗飞声，散入春风满洛城。"

　　"最是一年春好处，绝胜烟柳满皇都。"冯小姐附和着也吟出一句。听着两个人的吟诵，高先生接下来道："玉笛飞声，春风满城；最是春好，绝胜皇都。这是 2024 年的春天带来的，希望就在眼前，希望就在明天。我相信，2024 年是有希望的，未来是有希望的，不论是经济、社会抑或人文。我也知道，这一切有一个前提，那就是我们要埋头苦干，要不折腾、不回头，否则，梦想就会成为空想！"

　　高先生的话刚一说完，大家就以热烈的掌声予以回应。

　　又是一阵沉默。茶香四溢，和春天的味道融合在一起，在朋友们中间弥散着。"这是一个有着特殊意义的春天，也是一个经济的春天。"望着窗外的春天，我暗自思忖道。

　　"让我们再合张影吧！以此纪念这个充满希望的春天！"范先生不知何时拿出一部相机并唤来服务生帮忙按下快门。

　　照片中的我们是欢喜的，欢喜的样子融化了整个春天！

后 记

这原本是一册阐述经济学原理、定律、现象等内容的书籍，其中还包括十几年以来我对中国宏观经济发展的思考和认识。按照我之前的想法，在2021年春完稿并润色后即送交出版社审读，接下来的时间就是静等其付梓面世。

2021年春节期间，在一次家庭聚会上，有朋友听说我即将出版一本经济方面的书籍时向我抱怨，称其大学毕业后就没有认真读过一本相关方面的书籍。究其原因，主要是因为西方的近现代经济学语言和文字晦涩拗口，阅读性较差。一位在大学任教的朋友认为，现在除了攻读经济学专业的大学生和研究生以及相关学者外，愿意阅读这方面书籍的读者不多。朋友的话给了我某种启示：能否将经济学中的一些常识、原理、定律以及分析方法以一种轻松的语言表达出来呢？作为一名作家，我有兴趣和责任尝试一下。

当我从2021年春天开始尝试这方面写作时，方知困难相当大，遇到的问题也比较多。作为经济学方面的书籍要遵循经济学的核心要义，不能够随意臆造和信马由缰，同时还要让读者像读小说、散文一样愿意读下去，并引导读者在读下去的同时从中汲取到经济学中的"营养"——这就需要有润物无声的文字能力，但要做到这一点相当不易，也没有先例和范本可供参考。

为了努力做到这一点，我首先将原稿进行了大幅删改，将原先书稿中的公式和数据模型统统删除，只保留必不可少的数字和数据。为了让读者比较容易读懂书中的内容，我尽量用通俗的文字来解释一些经济学的概念和内容。为了让内容更有文学性，我"邀请"了我的几个朋友作为书中的人物，还选取了一个名叫"梦の居酒屋"的地方作为讲故事的场所。这些人物和场所贯穿始终，时间跨度超过 18 年。我尽可能让每一篇文章都以散文的叙事方法、语言和结构将经济学中的概念和原理导引出来，希望读者在阅读完本书后能从中得到裨益。

这是我的第一次尝试，我希望在两座神圣的殿堂间架起一座互通的桥梁。

在我以往的写作过程中，一般来说，书稿经过五六次修改和润色后就基本上可以交给出版社的编辑。但这一次尝试，用去了我两年多的时间，修改的次数也超过 30 次。这是创作的过程，也是反复修改和打磨的过程。

打磨的过程包括打破原书的结构重新安排内容和结构。好在我并没有将这个过程看作浪费时间，相反，在不断打磨和修改的过程中，我常常也乐在其中。当我初步完成书稿的时候，差不多等于我又温习了一遍曾经的课程，同时，也为书稿中呈现出的文学元素和语境而感到窃喜。

在我准备这部书稿的过程中，从美国南加州大学计算机学院毕业，又在美国南部城市迈阿密一家大型租赁公司工作近三年的儿子，也在积极准备回国报考国内人学的研究生。或许受家庭环境的影响，或许是其个人的兴趣发生了改变，他决意报考经济或金融方面的研究生。

在儿子准备考研的时候，恰恰也是我潜心书稿的时候，我们两人都是既有辛苦和烦恼，也有收获和兴奋。当我基本上完成书稿松一口气的时候，儿子也收到了清华大学经管学院的录取通知书。如今，在清华经管学院就读的儿子也在金融学的殿堂中找到了乐趣。

2023 年过去了，2024 年的春天也即将过去。在过去的时间里，国内外环境发生了较大的变化，经济的全面复苏还有待时日，还需各方面的齐心聚力。在这个春天，我种下希望，期待着收获季节的到来。

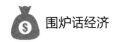

在这部书稿写作和修改的过程中，我得到了许多朋友的关心和帮助。这一切都让我心存感激，在此一并表示感谢！

或许，不久之后，这本刚刚敲定名字的书籍会出现在读者的面前。在这段时间里，我的内心是忐忑的，我不知道这本书究竟能否获得读者的认可和喜欢。但我努力了，所以，一切都交给读者去评判。曾经获得诺贝尔文学奖的萧伯纳曾经说过，经济学是一门使人生幸福的艺术。我希望这本书能为读者朋友的生活和阅读点燃一抹亮色，希望能给读者朋友幸福的生活再增添一份幸福。

浸淫在 2024 年的春天里，我的心情是愉悦的。春天总给人一种希望和催人前行的感觉。我愿意在这个春天里再次点燃希望和祝愿，也愿意在努力之后和大家一起面对星辰大海！这是一个多元、动感和缤纷的世界，是一个经济的世界，也是一个文学和艺术的世界。我要用努力和付出营造经济的世界，还要用文学的语言和思想的焰火去书写和点亮这个经济的世界。这是一名作家应有的责任，也是一名经济学者责无旁贷的使命。

最后，我想用诗人泰戈尔的一首小诗来结尾：

> 暮色已经重了
>
> 村子还没到
>
> 快一点走
>
> 再快一点走

2024 年春末于北京